精選
コンパクト教育心理学

教師になる人のために

北尾倫彦・中島　実・林　龍平
広瀬雄彦・高岡昌子・伊藤美加
著

北大路書房

■はしがき

　大学や短期大学で教職課程を学んでいる学生が，教育心理学の基礎知識を得るのに最も適したテキストとして本書が編さんされた。ほかにも多くの本が出版されているが，「どれがよいか」とたずねられると一冊を選ぶのに困惑することがある。それは書かれている内容の選び方や分量が初心者にとって適切かどうか迷うからである。

　このような経験から，ぜひとも自らの手で内容を選び，講義を行なう教師にとっても，それを学ぶ学生にとってもちょうどよい本をつくろうと考えた。まず第1に考えたことは，半期の講義であっても，最後まで終えることができるように，内容を精選し，コンパクトなテキストにしたいということであった。精選においては，学問としての重要性と教職としての必要性をともに考慮し，「これだけはぜひ学んでほしい」という内容にしぼった。この特徴から"精選コンパクト教育心理学"という書名に決めたのである。

　第2に考えたことは，初心者にもよくわかるような本にするため，図や表をじょうずに取り入れ，平易な叙述を心がけたことである。いかに重要な内容であっても，理解に苦しむ叙述で占められていてはテキストとして失格である。学問的に正確に表現し，かつわかりやすくすることはむずかしいが，できる限り努力してそれに近づけたつもりである。

　以上の2点が本書のねらいであり特徴であるが，これを達成するために教育心理学の領域や内容を大きく3つのパートに分け，3部構成にした。これによって内容的なまとまりが明らかになり，初心者にとっても教育心理学の全体像がつかみやすくなるであろう。また，章や節の叙述においては，序論的な表現をできるだけ省き，ずばり本論に入るように心がけた。これによって内容のポイントをつかむことが容易になると考えたからである。

　初めて教育心理学を学ぶ学生だけでなく，教員採用試験を目前に控えて学ん

はしがき

でいる人や現職の教師の方々にとっても本書は役に立つと信じている。それは，今日的なトピックス，たとえば特別支援教育や学力問題も取り上げ，1つの角度から論じるのではなく，テキストとしての叙述を心がけたからである。研究会や講習会にも使っていただければ幸いである。

本書は6人による共著であるが，たがいによく知り合った仲であり，遠慮することなく他人の原稿に注文をつけ，修正を重ねながら最終稿をまとめた。いちおう分担は決めたが，内容については全員が責任を負うているといってもよい。とくにコンパクトなテキストにするため，初めの原稿を大幅に削減せざるをえなかったので，著者間での厳しいやりとりが行なわれ，文字通り"精選"が達成できたと思う。

なお，執筆に際しては，多くの研究者や実践家等から資料をお借りしている。本来ならば転載の許可を受けるべきであるが，引用文献欄に記載し，ここに一括してお願いと謝辞を述べさせていただきたい。

最後に，企画から最終の校正にいたるまで，われわれの勝手な意見までもよく聴き入れ，一つひとつを慎重に判断して編集作業を進められた北大路書房の奥野浩之さんと服部和香さんに深い感謝を申し上げたい。

2006月7月

著者代表　北尾倫彦

目　次

はしがき

序章　教育心理学の成り立ち　……………………………………………… *1*
1　目的と対象・領域　**1**
2　研究法と学び方　**2**
　●コラム①　教育心理学関連の資格　**5**

第Ⅰ部　子どもの発達の理解

1章　発達観と認知の発達 …………………………………………………… *8*
1　発達と教育　**8**
　1　遺伝と環境　**8**
　　遺伝説／環境説／輻輳説／相互作用説
　2　成熟説と学習説　**11**
　　成熟優位説／レディネス／発達の最近接領域説
2　乳幼児における認知の特徴　**13**
　1　乳児の認知能力　**13**
　　パターンの弁別／奥行き知覚
　2　幼児期の知覚の特徴　**15**
　　相貌的知覚／アニミズム，実在論，人工論／空間的自己中心性
3　認知発達の諸説　**16**
　1　ピアジェの認知発達段階　**17**
　　感覚運動期（0〜2歳）／前操作期（2〜7歳）／具体的操作期（7〜12歳）／形式的操作期（12〜16歳）
　2　心の理論　**19**
　　誤信念課題
　●コラム②　初期経験　**20**

2章　言語能力の発達 ……………………………………………………… *21*
1　言語発達と教育　**21**
　1　言語発達のために学校教育ができること　**21**
　2　言語発達を支える養育者　**22**
　3　言語発達のための早期教育の弊害　**23**

目 次

 2　乳幼児期の言語発達　23
  1　乳児のことばに対する感受性　23
  2　発声の練習となる喃語　23
  3　注意の広がりと三項関係の成立　24
  4　身ぶりから初語の出現へ　24
  5　一語文から二語文，多語文へ　25
  6　語彙の増加　26
  7　象徴機能の発達　27
  8　質問期　27
  9　話しことばの発達段階　28
 3　学童期の読書と作文　28
  1　読書と作文の役割　28
  2　一次的ことばと二次的ことば　29
  3　自己中心的言語　30
  4　「国語力」育成のための課題　30
 ●コラム③　想像力の発達　32

3章　性格の形成　33
 1　親子関係と性格　33
  1　愛着関係　34
  2　しつけの型　36
 2　自己概念の発達　37
  1　自己概念　37
  2　自尊感情　37
  3　アイデンティティ　38
 3　性役割の獲得　40
  1　性と性役割　40
  2　男らしさと女らしさ　41
  3　性役割ステレオタイプ　42

4章　社会性と社会的スキルの発達　43
 1　遊びと仲間関係の発達　43
  1　遊びの発達　43
  2　ギャングエイジ　44

2　道徳性と向社会性の発達　45
　　1　道徳性の発達　45
　　2　向社会性の発達　47
　3　社会的スキルの発達　49
　　1　社会的スキルとは　49
　　2　社会的スキルの発達　50

第Ⅱ部　学習のプロセスと指導

5章　学習の動機づけ …………………………………… 54
　1　内発的動機づけ　54
　　1　内発的動機づけと外発的動機づけ　54
　　2　内発的動機づけと好奇心　55
　2　原因帰属と動機づけ　56
　　1　帰属理論　56
　　2　教室における帰属　57
　3　自己の認知と動機づけ　57
　　1　2つの知能観　57
　　2　自己効力感　58
　　3　自己決定感　59
　　4　学習性無力感　60
　　5　自己価値感　61
　4　学習への動機づけの方法　62
　　1　価値のある課題　62
　　2　自律性の保証された学習　63
　　3　共通の目標と協力関係　63
　　4　努力や成果の承認と評価　64
　　5　学習に集中できる時間　64

6章　学習の認知プロセス …………………………………… 65
　1　記憶のプロセス　65
　2　精緻化と体制化の方略　67
　　1　精緻化　68
　　　処理水準／自己関連づけ／自己生成／有意味化／イメージ化
　　2　体制化　69

目次

   3　効果的な学習法　71
     1　憶え方のくふう　71
       系列位置効果／分散効果／反復効果／睡眠の効果
     2　メタ認知の獲得と指導　72
  ●コラム④　問題解決のプロセス　74

7章　個人差に応じる指導　75
  1　適性処遇交互作用　75
  2　学習到達度の個人差　77
    1　学習到達度の実態　77
    2　習熟度別指導　78
    3　完全習得学習　79
  3　認知スタイルと興味・関心の個人差　80
    1　認知スタイル　80
    2　興味・関心の個人差と課題選択学習　82

8章　授業のタイプと技術　83
  1　指導法による授業の分類　83
    1　分類の次元　83
    2　小集団学習を活用した授業　84
  2　学習過程による授業の分類　86
    1　発見学習と仮説実験授業　86
    2　有意味受容学習を導く授業　88
    3　プログラム学習とＣＡＩ　90
  3　授業の技術　91
    1　発　問　91
    2　板　書　93
    3　教材づくり　94
  ●コラム⑤　学習の転移　95

第Ⅲ部　生徒の理解と指導・評価

9章　学級の理解と指導　98
  1　学級の人間関係　98
    1　学習の場と生活の場　98

2　人間関係のとらえ方　99
　　3　学級崩壊と心理的構造　100
　2　教師のリーダーシップ　102
　　1　リーダーシップのとらえ方　102
　　2　教師の指導力向上　104

10章　不適応児の理解と指導　……………………………………106
　1　不登校児　106
　　1　不登校の分類　106
　　2　発症の経過と指導・支援　107
　2　学習困難児　110
　　1　学習困難の分類　110
　　2　学習困難の診断と指導・支援　112
　　　　基礎的学力の補充／学習方略の指導・支援
　3　特別支援教育　113
　　●コラム⑥　少年非行といじめ　115

11章　心理検査と心理療法　………………………………………116
　1　心理検査　116
　　1　知的発達と学力をとらえるための心理検査　116
　　2　性格を理解するための心理検査　121
　2　心理療法　125
　　1　精神分析療法　125
　　2　行動療法　125
　　3　認知療法　126
　　4　クライエント中心療法　126
　　5　家族療法　126
　　6　遊戯療法　127
　3　学校カウンセリングの実際　127

12章　教育評価の考え方と実際　…………………………………129
　1　教育評価とは何か　129
　　1　教育評価の目的　129
　　2　測定から評価，アセスメントへ　130
　2　評価の基準はどのように定めるのか　130

目 次

　　　1　集団準拠評価の場合　130
　　　2　目標準拠評価の場合　131
　　　3　個人内評価の場合　133
　3　だれがだれを評価するのか　133
　　　1　他者評価の場合　133
　　　2　自己評価の場合　134
　　　3　相互評価の場合　136
　4　いつ，なんのために評価するのか　136
　　　1　診断的評価の場合　136
　　　2　形成的評価の場合　137
　　　3　総括的評価の場合　137
　5　新しい学習評価の方法と課題　138
　　　1　パフォーマンスによる評価　138
　　　2　ポートフォリオによる評価　139
　　　3　これからの評価方法の課題　139
　　　4　総合的な学習の評価　140

文　献　141
人名索引　151
事項索引　154

序章　教育心理学の成り立ち

1　目的と対象・領域

　教育心理学は，どのような目的で研究されてきたのであろうか。歴史的な流れや研究者の立場によって異なることもあるが，ひとくちにいって教育とよばれる事象の心理的問題を解明することが目的であるといえる。教育事象にはさまざまな問題があり，理念的問題は教育哲学，社会的問題は教育社会学，行政・制度的問題は教育行政学というように，多くの教育に関する学問があるが，そのなかのひとつが教育心理学である。

　教育事象の解明といっても，この目的を達成するアプローチには多様な方法があり，大きく分けると図0-1のようになる。教育心理学は心理学という学問の1分野であるから，学問的な概念や理論を用い，それらを発展させることによって間接的に教育事象を解明しようというアプローチ（A）が代表的である。このタイプの教育心理学に対して，学校現場から役に立たないという批判が向けられてきたが，その原因は2つある。1つは，教育心理学者が学問的理論だけにとらわれ，実際の教育事象を視野に入れて研究していないためであり，もう1つは教師が心理学の概念や理論を教育問題に関係づけてとらえていない

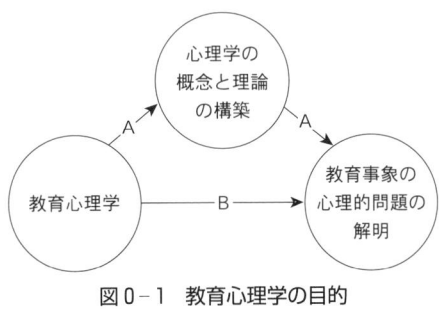

図0-1　教育心理学の目的

ためである。このようなギャップを埋める努力も必要であるが，図0-1に示した直接教育事象の解明に取り組むアプローチ（B）も行なわなければならない。学問的な貢献よりも，教育の実際について解決を試みるアプローチであり，時には学校へ出向き，教師との共同研究という形で進められることもある。

さて，教育事象の心理的問題とは何をさすのであろうか。教える側の教師にも，教えられる側の子どもにもさまざまな心理的な問題が発生するが，それらは次の4つに分けることができる。それは発達，学習，適応，評価であり，この4領域は教育心理学において伝統的に重要な研究領域とみなされてきた。時にはこのほかに学級集団を独立した領域とみなすこともあるが，本書では適応の領域に含めている。本書は，これら4つの領域について基礎的な理解が得られるように編集され，次の3部構成になっている。

第Ⅰ部の子どもの発達の理解では，認知能力（知る力）や言語能力という知的な面での発達，および性格や社会的スキルという性格面での発達について述べ，おもに乳幼児期，児童期，青年期における特徴的な変化を解説する。

第Ⅱ部の学習のプロセスと指導では，学習の動機づけや方略，個人差に応じる指導，および授業のタイプと技術などを論じ，心理学的な理論と小・中学校における実際が解説される。

第Ⅲ部の生徒の理解と指導・評価では，前に述べたように学級集団も含め，おもに人間関係のとらえ方や指導法が解説される。そして不登校や学習困難児の心理的問題や心理療法が中心的な論述の内容になっている。また，心理検査の解説や学習（学力）の評価のあり方や技術などが論述される。

2 研究法と学び方

教育心理学において，どんな方法で研究するかは，研究の対象や領域によって異なる。最も適した方法を選び，また時には2つ以上の方法を組み合わせて研究を進める必要がある。研究法をおおまかに分けると表0-1のような4つのタイプになる。それぞれの長所と短所は表のなかに記したが，以下には具体

表0-1 教育心理学の研究法の特徴

研究法	長所	短所
実験法	・どの条件が決め手になっているかを知ることができる(条件統制による) ・多くの場合にあてはまる結論が得られる(一般化可能性) ・もう一度確かめることができる	・人の限られた側面をとらえている ・ある人為的な場面での心のはたらきを調べているにすぎない ・環境などの条件は部分的に取り上げているにすぎない
調査法	・実験できないような心理面を調べることができる ・比較的簡便に利用できる ・多人数の一般的な傾向を知ることができる(一般化可能性)	・関連の有無がわかるだけで,原因を特定することはむずかしい ・正しく回答しているかをチェックするのがむずかしい ・回答者が気づいたことしか,とらえられない
事例研究	・人のすべての面を総合的に知ることができる ・長い時間経過のなかで心の変化をとらえることができる ・環境や生い立ちの影響がわかる	・どの条件が決め手になっているか見きわめるのがむずかしい ・他の人にもあてはまるかどうかがわからない ・もう一度確かめることはむずかしい
フィールド研究	・実際の場面のありのままの姿をとらえることができる(生態学的妥当性) ・すべての条件を視野に入れて判断することができる ・実際の解決につながりやすい	・実際の場面の特殊性に左右され,他にはあてはまりにくい ・条件が複雑なため,本質的な側面を見抜くことができないことがある ・便宜的な解決策になりやすい

例をあげて研究の特徴を説明しておく。

　実験法の例として,学習性無力感の研究をあげることができる。半数の子どもにはアナグラムとよばれる問題(文字の配列を変えて単語をつくる問題)を次つぎと解かせ,途中に解けない問題を与え,失敗を経験させ,無力感を人為的につくる。そして他の半数の子どもにはそのような解けない問題を与えずにアナグラム問題の解決を続けさせる。その後,両方のグループの子どもに他のアナグラム問題を再び解きたいかどうかをたずねたり,実際に解ける問題に手をつけるかどうかを調べてみる。この実験で失敗経験をさせるグループを実験群,それをさせないグループを統制群といい,両群の比較によって失敗の経験が無力感の原因になるといえるかどうかを明らかにする。その際,失敗経験の有無(独立変数)だけを変え,能力や性格など(剰余変数)は両グループでそろえておく(条件統制)必要がある。

　このような実験法によれば,広く一般化できる結論が得られるが,子どもの置かれている環境や生い立ちの違いなどはいっさい考慮されないので,実際の

状態に近い現象をとらえているか（生態学的妥当性）が疑問として残る。

調査法の例として，自己効力感（自分もやれるという自信）の発達的研究を取り上げてみよう。小学校4年生から中学校3年生までの子どもを対象に，「あなたは困ったときでも，がんばれば成功すると思いますか」というような多数の質問に回答を求め，肯定的な回答の数を自己効力感を表わす指標とみなし，その平均点を学年別に算出する。そうすると学年の進行とともに自己効力感がどのように変化するかがわかる。調査法も多数の人を調べているので一般化できる結論が得られるが，関連する要因は相関していることがわかるにすぎない。

事例研究にもさまざまな方法があるが，ひとつの例として不登校児の研究を取り上げてみよう。ある不登校児がかかえる心理学的問題を解き明かすため，その子どもと面接し，心理検査や心理療法を続ける。また保護者と会って話を聞き，生い立ちも調べる。これらの資料をもとにケースカンファレンス（事例検討会）を行ない，なぜ登校できないかを明らかにする。この事例研究では，過去からの長い経過を追跡し，しかも生育環境や個人的特性も含めた総合的な検討ができる。しかしその反面，ひとりの子どもの特殊な事情によるのか，多くの子どもに共通したものかはわからないので，一般化には限界がある。

フィールド研究のフィールド（現場）にはいろいろなものがあるが，ここでは学校を取り上げ，学力向上をめざす研究を例にして説明しよう。一斉授業だけでは，ついていけない子どもがふえるので，習熟度別にグループに分けた指導の成果を検討するとしよう。研究者も教師といっしょに授業を観察し，子どもたちの理解度をノートやテストによって調べ，報告書にまとめる。このようなフィールド研究は現場の空気をとらえ，学校の事情も含めた多くの条件を調べることができるが，どの条件が決定的かを見抜くのはむずかしい。

ところで，これから教育心理学を学ぼうとする者は，上に述べた目的や対象・領域，および研究法をよく知ったうえで，次のような点に気をつけて学ぶ必要がある。

①講義と読書：教育心理学の講義や書物から，専門的な用語や知識をしっか

り学びとると同時に，教育問題を心理学的に解明する考え方や方法をくみとってほしい。

②討論と発表：演習の時間には，研究文献を紹介し，討論を行なったり，自分の意見をまとめて発表する。その際，要旨を作成したり，プレゼンテーションをくふうするなどが大切な経験になる。

③実験と調査：知識を受け取るだけでなく，自分が研究者になったつもりで実験や調査を行なうことが望ましい学習である。過去の研究や自らの関心からテーマを設定し，研究法をくふうしながら1つのことを追究する体験が貴重である。

④研究者の倫理：心理検査のデータや個人的な情報などは，その人のプライバシーや人権にかかわるので，安易に調査したり，公表することは差し控えるべきである。

●コラム①●教育心理学関連の資格●

教育心理学に関連する資格としては，認定心理士，臨床心理士，学校心理士，臨床発達心理士といったものがある。現時点ではいずれの資格も学会などの民間団体によるもので，医師や弁護士のような国家資格ではない。ちなみに，認定心理士は日本心理学会，臨床心理士は日本臨床心理士資格認定協会，学校心理士は，学会連合資格「学校心理士」認定運営機構，臨床発達心理士は日本発達心理学会による資格である。資格取得のための基本要件はそれぞれで微妙に異なるものの，ほぼ共通するのは，心理学あるいは教育心理学関連の大学院を修了し，一定の実務経験を経て各認定団体が行なう試験に合格することである。資格によっては，実務経験をもって大学院修了相当とみなして受験資格を与えるものもある。なお認定心理士だけは学部卒で申請が可能で試験はない。今日学校現場には，いじめ，不登校，学級崩壊，学業不振などの課題解決にあたることを目的にスクールカウンセラーが配置されている。従来文部科学省はこれに臨床心理士資格を有するものをあてるように指導していたが，最近はこれに学校心理士や臨床発達心理士資格も加わった。学校心理士資格は，大学院で所定の7領域14単位を取得し試験に合格することおよび学校心理学に関する1年以上の専門的実務経験を有することで取得できる。また実務経験が所定の基準に満たない場合には「学校心理士補」資格を取得することが可能となっている。

第Ⅰ部

子どもの発達の理解

1章　発達観と認知の発達

1　発達と教育

　ここではまず，子どもの発達と教育の基本的な関係について論じられてきたいくつかの考え方を取り上げることにする。両者の関係に関しては，相互に関連するがやや視点を異にする2つの問題がある。その1つは，遺伝か環境かの問題であり，もう1つは成熟か学習かの問題である。

1　遺伝と環境

　たとえば言語の領域でいえば，親も口下手であることから自分がうまく話ができないのは遺伝によると考える人がいるように，遺伝と環境の問題は，子どもが一定の発達を終了した段階で，身につけたさまざまな能力や資質の相違が遺伝要因と環境要因（このなかには経験，学習，教育などが含まれる）のどちらによって規定されるのかという問題であり，この問題をめぐっていくつかの考え方が提出されてきた。以下では，代表的な4つの考え方を簡単に紹介する。

　遺伝説：この説は，発達を規定する要因として遺伝要因を重視する考え方であり，代表としてゴルトン（Golton, F.）があげられる。ゴルトンは，図1-1に示した音楽のバッハ家や，数学者のベルヌーイ家，多くの学者を輩出したダーウィン家などの家系を調べ（家系研究法という），遺伝的つながりをもつ一族で多くの才能をもった人物が輩出されているという結果から，これらの才能や能力を規定するのは遺伝的素質であると考えた。

　環境説：この説は，遺伝要因よりも環境要因を重視する考え方であり，代表としてはワトソン（Watson, J. B.）があげられる。ワトソンによる直接の研究は，乳児における情動の条件づけなどに限られているが，背景の考え方は環境

1章　発達観と認知の発達

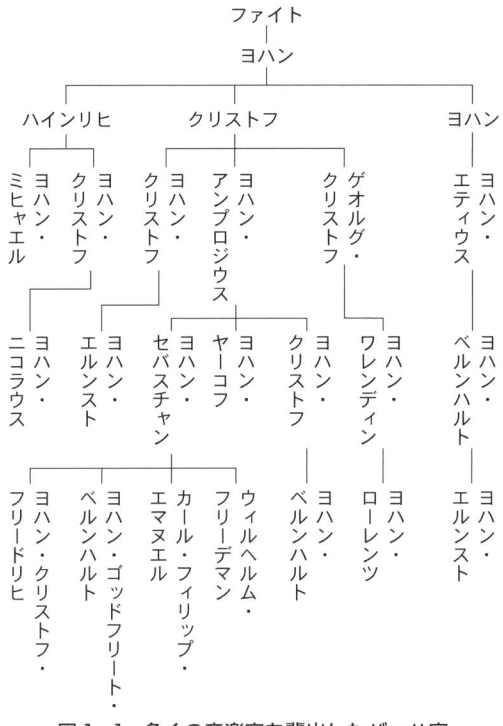

図1-1　多くの音楽家を輩出したバッハ家
(鎌原・竹綱, 2005)

重視の考えである。ワトソンは、「私に、健康で、いいからだをした1ダースの赤ん坊と、彼らを育てるための私自身の特殊な世界を与えたまえ。そうすれば、私はでたらめにそのうちのひとりをとり、その子を訓練して、私が選んだある専門家——医者、法律家、芸術家、大事業家、そうだ、乞食、泥棒さえも——に、その子の祖先の才能、嗜好、傾向、能力、職業がどうだろうと、きっとしてみせよう」(Watson, 1930／1980, p.130) と述べているように、とくに極端な環境万能主義者とされている。

輻輳説：1930年代以後は、遺伝か環境かという単一要因を強調する考え方に代わって、「遺伝も環境も」という両方の要因からの影響を考慮する考え方が提出された。その代表はシュテルン (Stern, W.) で、輻輳説とよばれている。ただし、この考え方はたとえば環境要因は80％、遺伝要因は20％の割合で影響

するというように,両方の要因をあくまでも別々なものとしてとらえており,加算説ともよばれている。

相互作用説:遺伝と環境の要因の両方が発達に影響するにせよ,その影響の仕方について輻輳説はあいまいであった。実際には,遺伝的素質の発現も環境によって変化したり,環境条件が整わないとほとんど顕在化しないこともある。このように,遺伝要因は環境要因とは無関係に発達に影響するのではなく,環境要因と複雑に絡み合いながら発達を形づくっていくという考え方が近年では一般的になっており,相互作用説とよばれている。この代表としてはジェンセン(Jensen, A. R.)の環境閾値説があるが,彼の説を東(1969)が図式化したものが図1-2である。閾値とはある事柄が生起するかどうかの境目のことであり,この説では,遺伝的素質が外に現われて発達に寄与するために必要な最低限の環境条件をさしている。素質が顕在化するための閾値は,どのような心理的特性であるか(図1-2のAからDの各特性)によって異なると考えられている。たとえば,特性Aが顕在化するための閾値は低く,かなり劣悪な環境でも非常に豊かな環境でもほぼ同じように顕在化するが,特性Dの閾値は高く,非常に豊かな環境の下でのみ顕在化し,中程度や貧弱な環境では遺伝的素質はほとんど顕在化しないとされる。

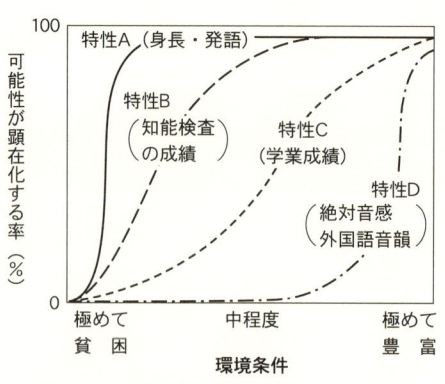

図1-2　環境閾値説の解説図(東,1969)

2　成熟説と学習説

　遺伝と環境の問題は，発達の過程でさまざまな変化が起こる基本的な原動力となるものが何かという観点からみた場合には，「成熟か学習か」の問題として論じられてきた。成熟説は遺伝説に関連するもので，発達的変化は遺伝的素質が自らのペースで自然に発現していく過程，つまり成熟が発達的変化をつくりだすと考える説である。学習説は環境説そのもので，ワトソンのいうように環境内での学習，訓練，教育などの経験によって，発達的変化が起こるとする説である。以下では，成熟説の代表であるゲゼルの成熟優位説を取り上げる。

　成熟優位説：ゲゼル（Gesell, A.）は，主として一卵性の乳幼児を対象にさまざまな運動技能やことばの獲得に関する研究（双生児法という）を行ない，ワトソンの極端な環境説への批判として子どもの自然な発達を強調する成熟優位説を唱えた。たとえば，ゲゼルとトンプソン（Gesell & Thompson, 1929）は，2人の一卵性女児に対して時期を変えて階段登りの訓練を実施した。一方の子どもには早期から長期間の訓練（6週）を行ない，他方の子どもにはより後の適切な時期に短期間（2週）だけの訓練を行なって，訓練直後の階段登りの速さ，登り方の巧みさを比較した。その結果，早期に長期間の訓練を行なった子どもよりも，より後の適切な時期に短期間だけ訓練を行なった子どものほうがはるかに階段登りは巧みであり，階段を登り切る時間も短かった。一卵性の子どもなので，この結果は遺伝要因の相違によるとは考えられない。ゲゼルは，この結果が訓練を行なった時期の違いによるものと考え，一定の訓練（学習，教育）を行なえばただちに発達的変化が起こるのではなく，子どもの成熟状態がまず基本にあり，その状態によって訓練，学習の効果も異なることを主張したのであった。ゲゼル（Gesell, 1956）は，経験や学習は発達の基本的進行を生みだすものではなく，支持したり，変化させたり，修正したりするだけであると主張している。

　レディネス：ゲゼルによる子どもの自然な発達過程を重視する発達観は，育児や教育の分野にも影響を与えた。とくに，階段登りの実験で示されたように，

一定の訓練は子どもの成熟状態によってその効果が異なるという知見は，教育，学習を受け入れる子どもの準備状態の重要性を示すものであった。学習を受け入れるための子どもの心身の準備状態をレディネスというが，ゲゼルの考えは子どもの発達状態，つまりレディネスを考慮して教育活動を行なうべきであるというレディネス重視の教育観として支持され，さまざまな学習課題に対するレディネスを診断するレディネステストが作成されるようになった。

発達の最近接領域説：ゲゼルのレディネス重視の教育観は，子どもの発達を中心に置き，レディネスを待って教育を行なうべきであるとする教育観である。これは教育と発達の関係でいえば，子どもの発達のほうを重視するもので，教育は発達にあわせて行なうべきであるとする考え方である。この考え方に対して，ヴィゴツキー（Vygotsky, L. S.）はむしろ教育が発達を推進させ引き上げるという，教育のほうに主導的な役割を置く発達の最近接領域説を提唱した（Vygotsky, 1962）。図1-3に示したように，発達のある時点で子どもが独力でできる水準，すなわち現在の水準はA児とB児で同じであったとしても，もう1つの大人や他者の支えや援助があれば可能である水準（発達しつつある水準とよばれる）は，A児のほうがB児より高いことがある。ヴィゴツキーはこの発達しつつある水準を最近接領域とよび，最初は大人による訓練，教育などの援助によって発達し，やがて自力で可能なものとなることによってさらに発達が進むと考える。そのため，子どもの自然な発達に教育をあわせるという考えではなく，教育によって発達が引き上げられ促進されると考えるのである。

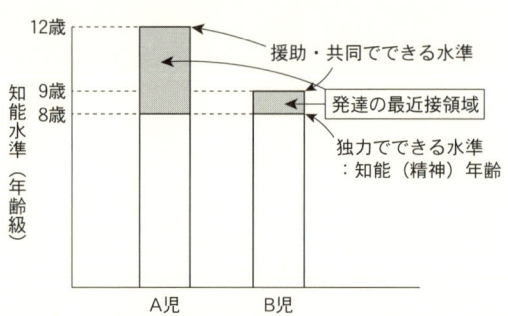

図1-3　発達の最近接領域説（内田・増田，2000）

2 乳幼児における認知の特徴

　遺伝と環境，成熟と学習の問題は，性格，社会性などの他の心理領域の発達にも関連する一般的な問題であるが，認知の発達を考えるうえでも背景にある基本的な問題といえる。以下では，認知の発達のなかでも乳児期と幼児期の特徴について代表的なものを紹介するが，乳児期については無能で無力な赤ん坊という見方や，環境説の哲学的背景にあるロック（Locke, J.）のタブラ・ラサ説（白紙説）の考え方をくつがえす数多くの研究がなされている。

1　乳児の認知能力

　外からみると，乳児は身体運動能力の面では無力であり，ばくぜんと世界に接しているようにみえる。しかし，さまざまなくふうを凝らした乳児の認知研究によれば，生後間もない時期からすでに外界に対する認知活動が始まっており，一定の認知能力を備えていることが報告されている。

　パターンの弁別：ファンツ（Fantz, 1961）は，生後間もない乳児に図1-4に示すようなさまざまな円形パターン（顔，標的，新聞の切り抜き，白色の円，黄色の円，赤色の円）を一定時間見せて，その時間内に各パターンを見ていた注視時間率を調べている。図1-4に示されるように，乳児は各パターンを同じようにばくぜんと見ているのではなく，無地（単色）のパターンよりも複雑

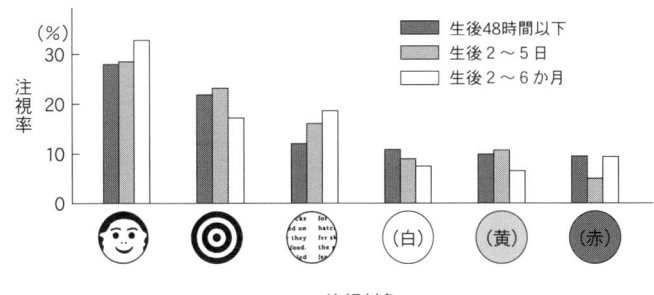

図1-4　刺激パターンに対する注視率（Fantz, 1961）

な新聞の切り抜きや標的のパターンをより注視し，さらに顔パターンに対して最も長く見ようとすることが示された。この傾向は，生後2日以内と5日以内の新生児，生後数か月の乳児においてほぼ同じとなっており，環境内での経験がほとんどない時点でも，すでに外界の対象がもつパターンを区別する能力を備えていることを示す結果といえる。これは，乳児のパターン選好とよばれている。

　奥行き知覚：外界を知覚するための手がかりとなる網膜像は二次元の情報であるにもかかわらず，われわれは奥行き方向を加えた3次元の空間として外界を知覚しており，奥行き知覚とよばれている。この知覚特性が乳児においてもすでに備わっていることがギブソンとウォーク（Gibson & Walk, 1960）による視覚的断崖実験（図1-5）で示されている。図1-5に示されるように，上面にガラスを張ったテーブルの上から見た場合はすべて縞模様になっているが，テーブルの片側は段差（断崖）になっている（ガラスがあるので，その部分に乗っても下には落ちない）。ギブソンらは，このテーブルの上にハイハイができるようになった生後6か月以降の乳児を置き，段差の側から親が子どもを呼び寄せた場合に，その方向に移動するかを調べた。その結果，多くの乳児は段差の領域には移動して行かなかった。これは，見た目の模様は同じでも，段差（奥行き）があることがわかっていることを示すもので，少なくともこの時期には奥行き知覚を備えていることを示している。この実験では，ハイハイがで

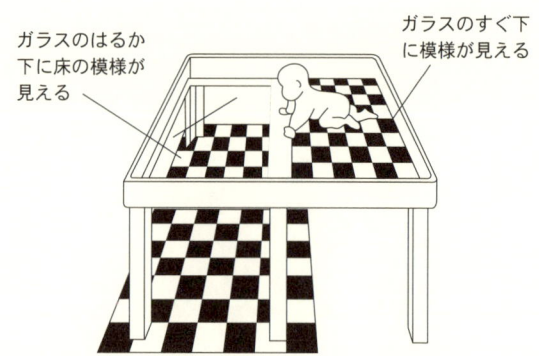

図1-5　視覚的断崖（Gibson & Walk, 1960）

きない時期の乳児ではどうかは不明であるが、段差部分に寝かせた時の心拍数の増加を指標にした研究では、生後数か月の乳児でも段差がわかっていることが報告されている。

2　幼児期の知覚の特徴

幼児は目の前にはない物についてもイメージし、それをことばで言いあらわすようになってくるが、彼らのものの見方はわれわれとは異なった特徴をもっている。以下、幼児の知覚や概念にみられる代表的な特徴をみる。

相貌的知覚：たとえば、子どもが夜に車庫のなかに駐車している車を見て、「ぶーぶー、ねんねしているね」と言ったり、大きなクラクションを鳴らすトラックを見て「あのトラック、怒っている」などと言うことがある。この例のように、事物に感情移入し、事物に対して表情や感情を知覚する幼児の知覚様式をさして、ウェルナー（Werner, H.）は相貌的知覚とよんでいる。

アニミズム、実在論、人工論：ピアジェ（Piaget, J.）は、初期の研究において幼児特有の見方として、アニミズム、実在論、人工論をあげている（Piaget, 1960）。アニミズムは、もともと太陽、山、海などの自然物にも生命が宿るとする未開社会の思考様式をさすことばであるが、ピアジェは幼児も事物に生命や意識があるとする考え方が強いことを指摘した。表1-1に示すように、アニミズムは幼児にしばしばみられる考え方であり、対象によっては児童期に入ってからも根強く残りながら、徐々に大人が考える「生きているもの」の概念に近づいていくのである。子どものアニミズムに関する研究は、「生きていること」の概念やからだの仕組みなどの、子どもの生物概念に関する研究として検討されている（Carey, 1985）。

表1-1　アニミズムの発達的変化（Piaget, 1960）

段　階	年　齢	特　徴
第1段階	4～6歳	すべてのものに生命や意識がある
第2段階	6～8歳	動くものはすべて生命や意識がある
第3段階	8～11歳	自力で動くものにだけ生命や意識がある
第4段階	11歳以後	動物だけに生命や意識がある

また，幼児はサンタクロースやお話の主人公などの想像上の人物や夢のなかに現われたものが実際に存在していると思っていることが多いが，これは実在論とよばれる。さらに，人工論は太陽，川など自然に存在する事物は人間が何かの目的のために人工的につくったものであると，幼児が考えることをさしている。ピアジェは，幼児にみられるこれらの考え方をまとめて自己中心性として特徴づけた。これは，主観と客観世界がまだ未分化な状態にあり，自分や自分の経験から離れて客観世界をとらえることがむずかしいためである。しかし，児童期にかけて徐々にこの自己中心性は消えていく（脱中心化）。

空間的自己中心性：自己中心性は空間関係の判断においてもみられる。図1-6は，ピアジェ（Piaget & Inhelder, 1956）が子どもの空間理解を調べるために作成した3つの山問題とよばれる課題を示したものである。テーブルの上に，図に示したような位置関係で3つの山の模型が置かれており，子どもをAの位置に座らせ，Cの位置にたとえば実験者が座る。そこで，子どもに実験者から見た景色はどう見えるかについて問い，いくつかの山の絵から選ばせると，4～5歳の幼児では自分の位置（A）から見える景色を選択する。彼らは，反対側にいる者にも自分の視点からと同じ

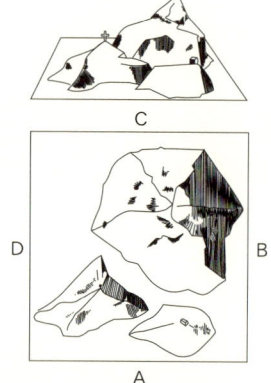

図1-6　3つの山問題
(Piaget & Inhelder, 1956)

ように見えていると考えており，自分の視点に中心化していることを示している。自分の視点を離れ，適切な視点変換ができるのは9～10歳くらいになってからである。

3　認知発達の諸説

　ある年齢段階での認知の特徴は上に述べたが，一般的な発達段階としてまとめた説がピアジェによって提出されている。以下では，彼の認知発達段階を中

心にみていくが，近年，多くの関心がもたれるようになった心の理論とよばれる研究についても紹介しておきたい。

1　ピアジェの認知発達段階

ピアジェは，表1-2に示すような認知発達の4つの時期を区分している。時期の名称に操作という語が含まれているように，彼は論理操作，つまり論理的思考様式がどのように発達していくかという観点から，発達の時期区分を行なった。そのため，彼の段階説は知能の発達段階とか，思考の発達段階とよばれることもある。

感覚運動期（0～2歳）：最初の時期は，出生から2歳までの感覚運動期で，イメージやことばで「今，ここにないもの」を思い浮かべるという象徴機能がまだ出現していない，思考以前の時期である。そのため，もっぱら「今，ここの世界」（現前世界）に対して「手を口にもっていく」「見たものをつかむ」などの，感覚と行為のパターン（シェマ＝図式とよばれる）を形成する時期である。たとえば，出生直後（第1段階）は「吸う」「握る」などの生得的反射による行為パターンしかないものが，次の第2段階（生後1～4か月）では「手を口にもっていき，指を吸う」「見たものをつかむ」といった行為パターンが獲得されるように，感覚運動的な行為パターンの発達を中心として6つの段階が区分されている。この時期の最後の第6段階（18～24か月）は移行期で，現前にない対象を思い浮かべるという象徴機能が発生し，現前にない対象についてのイメージやことばをもつ表象の世界へと移行する。

表1-2　ピアジェの認知発達段階

時期	およその年齢範囲	下位段階	おもな特徴
感覚運動期	0～2歳	6つの段階に区分される	イメージや言語などの表象を伴わない時期
前操作期	2～7歳	2つの段階に区分される	表象を伴うが，思考がまだ論理的でない時期
具体的操作期	7～12歳		具体的な対象について論理的思考ができるようになる時期
形式的操作期	12～16歳		内容を離れ，形式的，仮説的に論理的思考ができる時期

第Ⅰ部　子どもの発達の理解

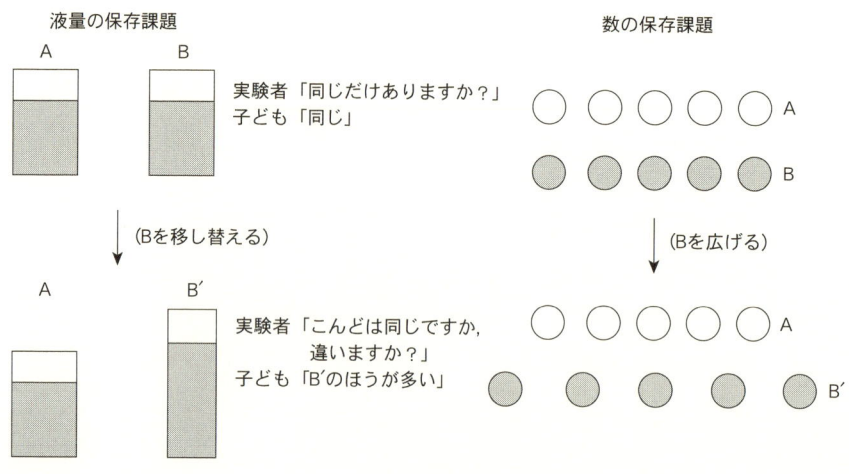

図1-7　液量と数の保存課題

　前操作期（2～7歳）：この時期は，イメージやことばによって目の前にない対象についても思い浮かべる表象の世界，つまり思考が出現する時期である。ただし，その最初である前操作期（2～4歳の前概念的思考の段階と，4～7歳の直観的思考の段階に区分される）では，さまざまなイメージやことばを獲得しているが，その思考様式がまだ論理的でない（前操作）時期である。たとえば，図1-7に示した液量の保存課題で，同じ大きさの容器に同量の水を入れて水の量は同じか違うかを質問すると，子どもは同じと答えるが，片方の容器を形が異なる別の容器に移し変えると，もはや同じでないと答える。見かけが変化しても液量は同じであるという認識を保存概念というが，この時期の子どもはまだ保存概念がなく，見かけが変化するとその量も変化すると考えている。この特徴は，図1-7の数の保存課題でも同様で，片方の間隔を広げると，もはや数は同じでないと考えてしまう。

　具体的操作期（7～12歳）：思考の論理性という点で非論理的な思考や判断を行なっていた子どもは，この時期には論理性を備えるようになる。この時期の子どもは，保存課題で見かけが変化しても「同じ量である」「数は同じである」と明確に答え，むしろそれはあたりまえだという反応をしたり，「もとに戻す

と同じになる」などとその理由もはっきり説明できる。ピアジェは，保存課題のほかにも，部分集合（チューリップ）と全体集合（花）のどちらが多いかを問う包含課題や，「Aの棒のほうがBより長い。Bの棒はCより長い。それでは，AとCではどちらが長いか」と問う推移律課題など多くの課題を実施している（いずれも，ことばだけでなく実物を呈示して行なう課題）。その結果，この時期において種類が異なる多くの課題に対して，論理的な思考や判断がほぼいっせいに出現することを見いだしている。

形式的操作期（12～16歳）：具体的操作期の論理性は，保存課題，包含課題，推移律課題など具体的に示された材料や課題に対して論理的な判断を行なうだけであり，たとえば推移律課題を現物なしにことばで抽象的に質問された場合には適切に答えられない。これに対して，形式的操作期では適切に解答するようになり，内容を離れて抽象的，形式的に論理的思考を行なうようになってくる。また，現実経験に反するような仮定も「仮に，そうだとしたら……」として仮説的に思考を進めることや，組み合わせ的思考もこの時期に可能になりはじめる。ただし，このような形式的，抽象的な思考様式は，ピアジェの説とは異なり，大人になっても十分にできないことも報告されている。

2　心の理論

発達段階として最も包括的なピアジェの段階説は，外界の対象や事象に対する認識の発達を扱ったものである。これとは別に，1980年の中頃から，心に対する認識の発達を扱う研究がさかんに行なわれるようになった。心の理論とは，子どもが人の心についてどのような考え方（理論）をもっているかという意味である。ここでは，研究の出発点となった誤信念課題を説明する。

誤信念課題：ワイマーとパーナー（Wimmer & Perner, 1983）は，誤信念課題（図1-8参照）を用いて，子どもの心の理解のようすについて研究している。図1-8に示すように，この課題は主人公（マクシ）が登場するお話を聞き，そのあとで主人公が思っていることを適切に理解しているかを調べる課題である。チョコレートが移動されていることを知らないので，チョコレートは

〈物語を聞く〉　お話

> マクシは，あとで戻ってきた時に場所がわかるように，緑色の戸棚にチョコレートをしまって，遊びに出かけました。そのあと，お母さんは，ケーキを作るためにチョコレートが必要になりました。そこで，緑色の戸棚にあるチョコレートを少しだけ使い，緑色でなく青色の戸棚にしまいました。お母さんが買い物に出かけて留守の時に，マクシがお腹をすかして遊びから帰ってきました。

〈子どもへの質問〉　「マクシは，チョコレートがどこにあると思っているでしょうか？」

図 1-8　誤信念課題（Wimmer & Perner, 1983）

もとの緑色の戸棚に置いてあるという主人公の誤った考え（誤信念）を適切に理解できているかを調べる課題なので，誤信念課題とよばれる。ワイマーとパーナーは，3歳ではこの課題にほとんど正しく答えることができないが，4歳から7歳にかけて正答が上昇することを報告しており，その後の研究でも同様に，4歳以降で誤信念課題に正答するようになることが報告されている。3歳の子どもは，チョコレートは青色の戸棚にあるという自分の知識を主人公も知っていると思ってしまうようである。

誤信念課題に始まる心の理論の発達的研究は，自閉症の子どもの理解にも展開されている。たとえば，バロン＝コーエンは自閉症の子どもは誤信念課題での正答が少ないことを報告し，心の理論の欠如という観点から自閉症児の特性についての研究を行なっている（Baron-Cohen, 1995）。

●コラム②●初期経験●

　乳児期や幼児期などの発達の初期の限られた時期における一定の経験が，後の心身の発達に決定的な影響を及ぼす場合，その経験を初期経験という。決定的な影響とは，発達の初期にその経験をせず，後になってから同じような経験をしても，その効果はほとんどなく，修復が困難になることを意味する。また，初期の限られた時期のことを臨界期という。この代表的な例は，ローレンツ（Lorenz, K.）による刻印づけ（刷り込み）である。刻印づけは，アヒル，ニワトリなどの鳥類で，孵化直後の数日間（臨界期）に目にふれた動く対象を追いかける現象で，通常は身近にいる親鳥が追いかける対象になるが，もし親鳥以外の動く対象があれば，その対象（人間，ボールなど）でも追いかける。また，ハーロウ（Harlow, H. F.）によると，生後1年以上親猿から離された子猿は，他の猿と仲間遊びができない，性行動を適切に行なえないなどの問題が起こる。人間の場合では，乳児期における親密な母性養育の欠如による人格形成への影響などが指摘されている。

2章　言語能力の発達

1 言語発達と教育

1　言語発達のために学校教育ができること

「生きる力」の育成を重視した学校教育において，社会で生きていくためのベースとなる言語能力を子どもに身につけさせていくことは重要な課題である。しかしながら，学校教育でその課題を遂行することが年々むずかしくなってきている。なぜなら，子どもをとりまく言語環境に問題があり，たとえば，テレビが茶の間を独占し，家族の間に豊かな会話がなくなったからである。そして長時間にわたりテレビ視聴をくり返す子どもの言語発達に遅れが生じることが指摘されている（谷村ら，2003；加納ら，2004）。たとえば，図2-1は，およそ1歳6か月の子どもたちが家でテレビを見ている時間と意味のあることば

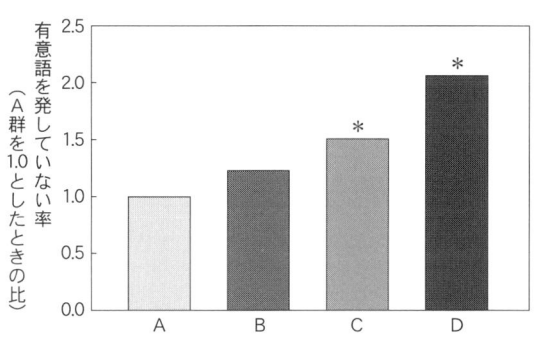

図2-1　子どものテレビ視聴時間と有意語出現の遅れ（谷村ら，2003）

注）およそ1歳6か月の子どもたちが家でテレビを見ている時間と，意味のある言葉（有意語）を発していない率との関係を示したものである。「＊」のマークがついているところは，A群よりも有意語出現のない率が有意に高い（$p < .005$）ことを示している。

(有意語)を発していない率との関係を示したものであり、長時間にわたりテレビ視聴をくり返す子どもの言語発達に遅れが生じることが示されている。テレビに子守をさせている家庭も多いが、望ましい言語発達のためには、人間どうしの生の「やりとり」が不可欠である。そのために学校教育の果たす役割は大きい。義務教育のうちに、多くの正しいことばを聞き、多くのことばを楽しく発言して、適切なフィードバックを受け、まちがいを直す経験を積むことが重要である。

2　言語発達を支える養育者

子どもの言語発達において養育者の果たす役割は大きい。藤永ら(1987)の紹介している日本における事例では、屋外の小屋に閉じこめられていた6歳の姉と5歳の弟が1972年に発見されたときに、外見は約1歳半にしか見えず、歩行もできず、ことばも話せなかった。いわゆるネグレクト(育児放棄)によって言語発達遅滞が生じていたのである。保護後、保育者によって愛情のこもった養育がなされ、彼らの発達遅滞を回復させるための治療教育チームによって多様なはたらきかけがなされた結果、この2人は回復できた[注1]。この事例で最も興味深いことは、特定の保育者との愛着関係成立後に劇的に言語面が発達したことである。このことから、愛着関係をもてる特定の養育者の存在が言語発達のために重要であることがわかる。

養育者のことばが子どもの言語発達に及ぼす影響について調べた研究がある。ともに2歳であるが言語発達が遅れている子どもとよく発達している子どもを比較すると、母親の会話に違いがあることが指摘されている。言語発達が遅れている2歳児の母親の場合には子どもの注意に配慮した会話が少なかったのである(Harris et al., 1986)。その子どもたちが16か月児のときには言語能力に差がなかったことから、母親のことばかけが後々の子どもの言語能力の差を引き起こしたと考えられた(Harris & Butterworth, 2002)。この研究からも、子どもの言語発達における養育者の役割の大きさがうかがえる。

3 言語発達のための早期教育の弊害

人間には言語を学ぶために適した臨界期があり，それよりも早くても，また遅くても言語発達はうまく進まないようである。音韻の習得は10歳くらいまで，統語の習得は15歳くらいまでに始めるのが望ましいといわれるが，実際には言語習得の臨界期についてはまだわかっていないことが多い。また，幼少期からの過剰な第二言語教育によって母語の習得までが不完全になる弊害も起こりうる。さらに偏った早期教育用ビデオを長時間にわたり試聴させると，後天的にことばに遅れが生じるおそれまである（中井，2004）。第一言語であろうと，第二言語であろうと，望ましい言語発達のためには，子どもの発達に応じた適切な時期に，生のことばの「やりとり」を中心にした教育が不可欠である。

② 乳幼児期の言語発達

1 乳児のことばに対する感受性

人間は誕生直後から人の顔や話し声に対して敏感に反応する。たとえば，生後1か月児でも，ことばとそれ以外の音を聞き分けるだけでなく，音素の変化にも敏感に反応することが実験によって明らかにされている（Eimas, 1975）。また乳児は，人の声の調子やリズムにあわせて手足を動かすという同期性を示し，人の声以外の物理的な打叩音などには同期性を示さないことが明らかにされている（Condon & Sander, 1974）。以上のような言語音への感受性の高さによって，言語発達の基盤が築かれていくものと思われる。

2 発声の練習となる喃語

誕生直後の新生児が発する声のほとんどは泣き声である。なぜなら新生児の口腔は，大人よりも大きな舌と高い位置にある喉頭部によって大部分を塞がれていて狭いために，声道を変化させるための空間的余裕がないので，多様な声を出しにくいのである。しかし，このような形態のおかげで，母乳が誤って気

道に入るのを防ぎやすい構造になっている。

　生後6週から8週くらいになると，叫び声でない落ち着いたクーイングという発声をしはじめる。そして生後4か月ごろから，同じ音をくり返して発声する喃語が現われる。生後6か月ごろまでは「子音＋母音」の構造が不明瞭なままの喃語の段階であるが，生後6か月ごろから「ババババ」というような「子音＋母音」の構造が明瞭な喃語を発するようになる。喃語は音の出し方の練習にもなっており，喃語によって母語の音をうまく出せるようになっていく。生後8か月ごろから，母語のリズム，イントネーション，アクセントに酷似しているが，まだ音の並べ方がでたらめなために意味の通じないジャーゴンとよばれる発声をする。これは母語のリズム，イントネーション，アクセントを学ぶ練習になっている。生後9か月ごろから他者の発音をまねる音声の模倣がみられるようになり，これは音の並べ方の練習になっている。

3　注意の広がりと三項関係の成立

　生後6か月ごろまでの乳児は人と物の両方に同時に注意を向けることができないが，生後6か月ごろからは人が見ている物を自分も見るという共同注意ができるようになり（Butterworth, 1995），生後9か月ごろから人と物の両方に同時に注意を向けることができるようになる。岡本（1982）によると，子どもと母親の視線が共通の話題（テーマ）に向くように発展し，この三項関係の成立による共有化をとおして子どもはことばで示される意味の世界を知るようになっていくことがわかる。

4　身ぶりから初語の出現へ

　麻生（1992）の事例では，9か月半ごろから自らの要求を他者に伝えるように手を伸ばしはじめ，10か月ごろから手を伸ばして同時に発声するようになり，10か月半ごろにはほしい物を指さして同時に発声し訴えるようになったという。つまり身ぶりを介してコミュニケーションを図る発声が生まれていくことがわかる。

図2-2　三項関係的なやりとりの例（Werner, 1963；岡本, 1982より作成）

　生後1年ごろ，指さし行動の出現から間もなく，意味のある語を自発的に発する初語が出現する。ただし，初語の出現時期には個人差が大きく，生後10か月くらいで初語を発する子どももいるが，健常な発達を示す子どもであっても1歳半でまだ初語がみられない場合もある。
　乳児は身ぶりを介したやりとりから何かを伝えるような声を発するようになる。図2-2に示したように，初語の出現後も三項的なやりとりのなかで指さしを用いて自分の興味のあるものに養育者の注意を向けさせる。そして同じ対象に注意を向けているときに発せられる養育者のことばによって，幼児はことばの世界をさらに広げていくのである。

5　一語文から二語文，多語文へ

　1歳ごろから1歳6か月ごろまでの間に，幼児は一語でも文と同じようなはたらきをする一語文を使えるようになる。図2-3に示したように，「パパ」という1つの語によって，たとえば「わたしの大好きなパパが出かけた」という

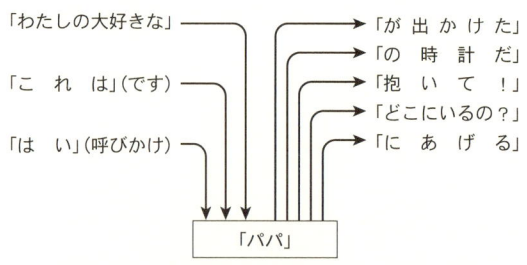

図2-3 一語文が表現するもの（村田，1973）

文の内容を表現している。このような場合の「パパ」という一語を一語文という。1歳6か月ごろから2歳ごろまでに二語文，2歳ごろから3歳ごろまでに三語文そして多語文を使えるようになり，3歳くらいには文章らしい発話をできるようになる。

6 語彙の増加

約1歳で初語が現われてから，ことばの種類（語彙）はしばらくはゆっくりと増えるが，1歳半くらいには約50語になる。そのころから語彙の爆発的増加（ボキャブラリースパート）期に入る（図2-4）。そして2歳で約300語，3歳で約900語から約1000語，4歳で約1600語，5歳で約2100語，6歳で約2500語を発することができるようになっていくが，個人差も大きい。

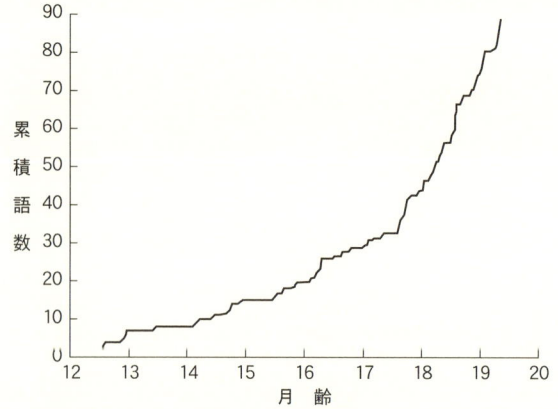

図2-4 各年齢までに発した語の総数（累積語数）（Ganger & Brent, 2004）

7　象徴機能の発達

　図2-5に示したように，幼児はバスのおもちゃを手にして遊びながら，頭のなかには実物のバスのイメージを描き，同時に「ブーブー」とか「バス」ということばを発する。このように「ブーブー」とか「バス」ということばと実物のバスは別物であるが，頭のなかでは両者は同じであり，ことばが実物を表わすようになる。これをことばの象徴機能という。1歳半から2歳ごろにことばの象徴機能の基本が身につくことによって急激にことばを獲得できるようになる。そして音声をシンボルとして使用することによって，表現の可能性がさらに広がっていく。

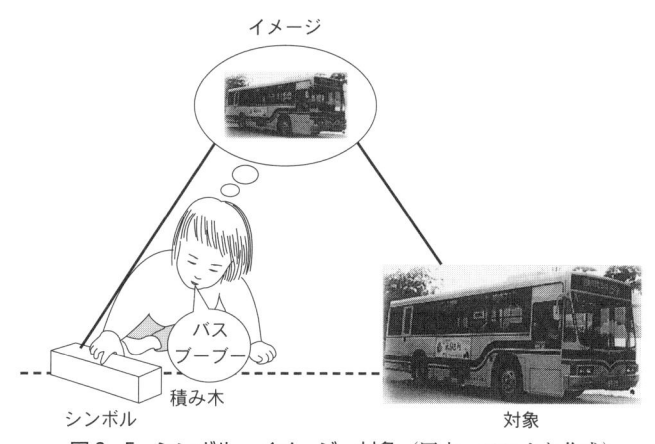

図2-5　シンボル・イメージ・対象（岡本，1991より作成）

8　質問期

　1歳半～2歳ごろの子どもは物の名前を聞くための質問をよくする。この時期を第一質問期とよび，さらに「なぜ？」「どうして？」というような質問が出てくる3歳前後からの時期を第二質問期とよぶ。また2歳くらいから「なぜ？」「どうして？」を連発する6歳くらいまでの時期を質問期とよぶこともある。子どもが身の回りのさまざまなことに興味をもち，自発的に質問をして

いる質問期に，養育者や保育者がタイミングよく応答し，ともに考え，会話を広げて深めることは，子どもの言語発達だけでなく学習意欲や知的好奇心を育てるためにも効果的である。

9　話しことばの発達段階

ことばの発達段階の分け方にはいろいろとあるが，ここでは乳幼児期のことばの発達を総合的に示す代表的なものを表2-1に示す。

表2-1　話しことばの発達段階

（1）準備期（0～1歳）
（2）片言期（1歳～1歳半ごろ）　初語が出てくる時期で，一語文を用いる時期である。
（3）命名期（1歳半～2歳ごろ）　物の名前をたずねてくる時期で語彙が増え，二語文そして多語文も用いるようになる時期である。動詞や形容詞も使えるようになるが，接続詞や助詞はまだ使えない。
（4）羅列期（2歳～2歳半ごろ）　多語文による話をするが，文法力が未熟なため，知っていることばを羅列的につなげて用いる時期である。動詞の語尾変化によって，過去と現在そして未来の区別ができるようになってくる。
（5）模倣期（2歳半～3歳ごろ）　大人のことばをさかんに模倣する時期であり，模倣することによって大人のことばの並べ方を学ぶ時期である。接続詞や助詞が使えるようになり，文章として整ってくる。
（6）成熟期（3歳～4歳ごろ）　話しことばの完成期ともいわれる時期で，日常生活に必要な会話を大人とできるようになる。
（7）多弁期（4歳～5歳ごろ）　語彙も増え，文法力，理解力，表現力もかなりつき，よく話す時期である。獲得したことばで大人だけでなく友だちとも自由に話すことができるようになる。
（8）適応期（5歳～6歳ごろ）　自己中心的な発話から，話し相手に応じた発話ができるようになる。話す相手によって話し方や話す内容を変えたり，質問に答えられるようになる。

3　学童期の読書と作文

1　読書と作文の役割

文を読んだり書いたりする学習は学童期に入ってから始められることが多い。学童期の読書は，教養の基礎を育てるだけでなく，さまざまな文章にふれて多様な用法を学ぶために重要である。学童期の作文もまた重要で，書くことでまちがいに気づき，修正する経験ができる。さらに，考えようとしていることを書くことによって，きちんと整理して思考を深化させる力を養うことができる。

2 一次的ことばと二次的ことば

　岡本（1985）は，子どもが学童期に入ると組織化された授業のなかで教育を受けるために，少数の親しい特定者との会話で用いられる一次的ことばだけでなく，不特定多数の聞き手への発表で用いられるような話しことばと書きことばを含む二次的ことばを必要とすることを述べた。表2-2に示すように，一次的ことばと二次的ことばは話される状況や文脈などが異なり，それぞれ独自の役割を果たしている。一次的ことばと二次的ことばは互いに影響を及ぼし合いながら併存し，それぞれが深まっていき，適切に使い分けられるようになっていく。そして，さらに言語思考が深まるようになるために，心のなかでもうひとりの自分と対話する内言が成立していくという（岡本，1982，2005）。

　また内田（1989）は，書きことばの習得が進むにつれて，文字を書く作文だけでなく話しことばによる口頭作文の文体も変わっていくことを明らかにした。図2-6から，書いて作文する文字作文では小学1年生になると急に会話体か

表2-2　一次的ことばと二次的ことば（岡本，1985）

コミュニケーションの形態	一次的ことば	二次的ことば
状　　況	具体的現実場面	現実を離れた場面
成立の文脈	ことばプラス状況文脈	ことばの文脈
対　　象	少数の親しい特定者	不特定の一般者
展　　開	会話式の相互交渉	一方向的自己設計
媒　　体	話しことば	話しことば・書きことば

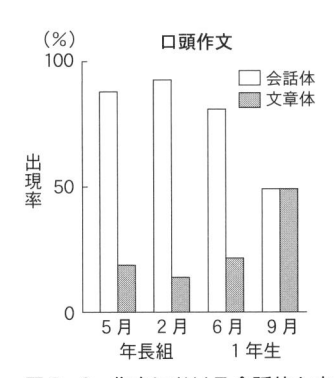

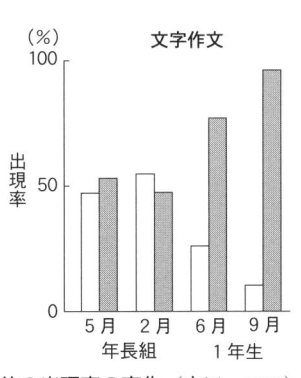

図2-6　作文における会話体と文章体の出現率の変化（内田，1989）

ら文章体に変化していくことがわかる。一方、口頭での作文では文字作文よりもやや遅れて会話体から文章体へ変化していくことがわかった。こういった変化を経て、さらにことばの発達が進むのである。

3 自己中心的言語

ピアジェ（Piaget, 1926）は、幼児が他者へ伝達するための社会的言語と他者の存在とは無関係の非社会的言語を用いることを示し、後者を幼児の思考の自己中心性が反映されたものと考え、自己中心的言語とよんだ。自己中心的言語には、他者のことばを意味の理解にかかわらずたんにまねして遊ぶような反復と、自分の行為を支えるように発する独語、そして集団のなかにいるときや他者がいるときに発する集団的独語とがあるという。ピアジェは、自己中心的言語は7歳から8歳くらいで減って社会的言語に移行していくと考えた。

これに対して、ヴィゴツキー（Vygotsky, 1934）は、もともと伝達のためのことばが思考のためのことばに移行していく際に過渡的に現われる形態が自己中心的言語であると考えた。彼は伝達のためのことばを外言、思考のためのことばを内言とよび、幼児のひとりごとを外言化された不完全な内言とみなした。つまり幼児は不十分な内言のために自己中心的言語をよく発するが、年齢がふえるにつれて内言が充実するとともに自己中心的言語は減っていき、6歳ごろには自分に向ける内言が充実して思考力もさらに向上するという。このヴィゴツキーの考えは後にピアジェによっても受け入れられた（内田, 1999）。

以上のように、学童期の子どもにとって、上に述べた幼児期の思考のための言語の発達を基礎にし、さらに話しことばだけでなく書きことばを中心にした学習を続け、また一次的ことばだけでなく二次的ことばを中心にした言語活動を豊かにしていく必要がある。

4 「国語力」育成のための課題

近年、子どもの学力低下や読書ばなれが指摘されるなか、PISA調査[注2]という国際的な学習到達度調査によって、日本の15歳児の読解力がとくに低下して

いることが示された。このPISA調査で重視される力は，読解の知識や技能を実生活で活用できる力であり，まさに生きていくために必要な力としての読解力である。冨山（2006）は，とくに学力検査の自由記述式問題で答えを書かない率（無答率）が高かったことを指摘し，読解力だけでなく「書くこと」の指導の改善も求めている。図2-7は読解力をテストの出題形式別に調べ，日本の子どもの無答率が世界の平均よりも5％以上高かった問題が全体の何パーセントかを示している。日本の子どもは自由記述（論述）の問題で，他に比べ無回答を示す傾向が著しく，表現力が弱いことがわかる。文部科学省（2005）は「各学校において，子どもたちのPISA型「読解力」を向上させるためには，教科国語の指導のみならず，各教科及び総合的な学習の時間などの学校の教育活動全体を通じ，「考える力」を中核として，「読む力」「書く力」を総合的に高めていくことが重要である」としている。

　PISA調査結果には反論も存在するが，明らかに児童生徒の言語能力は低下しており，学力を支える言語能力の低下によって，さらなる学力低下までもが危ぶまれている。社会で生きていくためのベースとなる読む力と書く力を養う

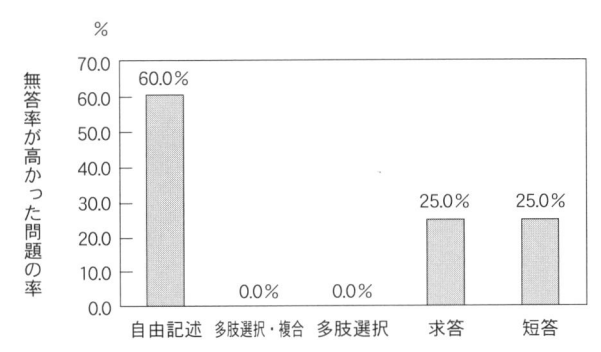

図2-7　PISA調査結果における出題形式別に見た日本の子どもの無答率の違い（文部科学省，2005）

注）
自由記述：答えを導いた考え方や求め方，理由説明など，長めの語句で答える問題
多肢選択・複合：与えられた選択肢のなかから選択する問いが連続している問題
多肢選択：与えられた選択肢から1つの答えを選択する問題
求答：答えが問題のある部分に含まれており，短い語句または数値で答える問題
短答：短い語句または数値で答える問題

ことがいかに重要であるのかを再認識する必要がある。

注1　心理治療などの専門的な介入と，乳児院・児童養護施設での保育者の愛情のこもったはたらきかけによって，身体面や運動面だけでなく，言語面や認知面もめざましく発達していき，その後，高校にも進学し，今や社会人として順調に生活しているという。

注2　PISA調査とは，OECD（経済協力開発機構）が実施した国際的な学習到達度調査のことである。OECD参加国が共同して開発した15歳児を対象とする学習到達度問題を用いて，3年ごとのサイクルで実施されている。このPISA調査の結果，日本の15歳児の読解力は2000年の8位から2003年には14位，2018年には15位へと順位を下げたことがわかった。

●コラム③●想像力の発達●

　目で見，耳で聞き，手でふれることによって外の世界を知るという生活を続けてきた子どもが，幼児期に入ると想像力によって現実とは離れたもう1つの世界をもつようになる。これは見たものをイメージとして記憶にとどめる記憶表象や象徴的思考力が発達することに支えられており，延滞模倣や象徴遊びとなって現われることもある。延滞模倣は見たときに模倣するのではなく，しばらく経ってから行なう模倣であり，象徴遊びとは積木を自動車にみたてて遊ぶような何か別の物で現実を代表させて遊ぶことである。これらの観察からわかるように，幼児は記憶力や象徴的思考力の発達によって，直接経験を越えた世界を想像する能力をもつようになる。

　この想像力は言葉の発達とともにさらに拡張され，個々のイメージや知識を自らのことばによって脈絡や筋道をつけた物語をつくることができるようになる。幼児の想像力をかきたてる絵本や童話にひきつけられるようになるのもこの時期であり，言語能力の発達によって想像力がいちだんと拡がりをみせるのである。

　国際的な学力調査から読解力の低下が指摘されているが，読解力は論理的思考力だけでなく想像力にも基礎をおくものである。「行間を読む」といわれるように，書かれていることを越えたものを想像することが読みには欠かせない。幼児期には，子どもらしい夢をふくらませる童話を読み聞かせるなど，想像力を伸長させる豊かな環境をつくることが大切である。

3章 性格の形成

1 親子関係と性格

　性格はどのような要因によって形成されるのだろうか。生まれつきある程度決まっているという，生得的な遺伝的要因を重視する立場と，生まれた後の養育のされ方によって左右されるという，後天的な環境的要因を重視する立場とがある。ここでは，性格の形成にかかわる要因として，愛着やしつけなどの親子関係のあり方について解説する。

　人は生理的に早産であり，未熟な状態で生まれてくるという，ポルトマン（Portmann, A.）による説や，人間社会から隔離されて育った野生児の事例研究は，人は環境からの影響を強く受けること，環境からの影響が重要であることを示している。

表3-1　性格の形成に影響を及ぼす環境的要因（詫摩，2003）

生まれた家庭の要因	親の年齢・教育歴・職業・収入・宗教・人生観・価値観・子ども観・性役割観・人間関係観 その家庭の一般的雰囲気 父と母の関係 その家のある地域の諸特徴
家族構成	家族構成員の人数や関係，三世代家族や核家族などの家族形態 きょうだいの数や出生順位，異性のきょうだいの有無，きょうだい間の年齢差 家族間の愛情の程度 親と子の心理的距離
育児方法や育児態度	授乳や離乳の仕方 食事・睡眠・着衣・排泄など基本的習慣のしつけ 他人に対する態度，感情の表出（怒りや甘えなど）に関するしつけ 親が子どもに示す一般的態度
友人関係・学校関係	友人の数・つき合いの程度，友人との遊びの時間や場所，遊びの内容，友人集団内での地位 幼稚園や学校の教育方針，担任教師との関係
文化・社会的要因	その文化や社会の生活様式・習慣・価値基準・政治形態・歴史・地理・人間関係観 ほかの社会との関係

第 I 部　子どもの発達の理解

　表3-1には，性格の形成に影響を及ぼす環境的要因を示している。これらの要因が相互に複雑に絡み合って性格が形成されていくのであり，とくに家庭のあり方や育児の方法を含めた親子関係がその子どもの性格形成に重要な役割を果たしていることがわかる。

1　愛着関係

　親子関係のどのような側面が重要なのだろうか。まずは，親は子にとって，生命維持のために欠かせない存在であり，たとえば母親には，母乳を与える，飢えや渇きをいやすなど，保護し養育する役割がある。

　また，親との身体的な接触（スキンシップ）により与えられる安心感が子どもの生育にとって重要である。たとえば，ハーローらのアカゲザルの実験（Harlow & Mears, 1979）は，生命維持の役割以上に，あたたかい接触の重要性を示唆している。その実験では，図3-1に示すように，針金製でミルクの出る母親の模型と布製でミルクなしの母親の模型を置いた部屋で子ザルを観察する。そうすると，子ザルはミルクを吸うときのみ針金製の母親のほうへ行き，空腹を満たすと図3-2に示すように，1日の大半を布製の母親のほうで過ごした。また，恐怖を感じるような場面では，安全基地として布製の母親のほうにしがみついたのである。

図3-1　ハーローのアカゲザルの実験における，布製の母親と針金製の母親
（Harlow & Mears, 1979）

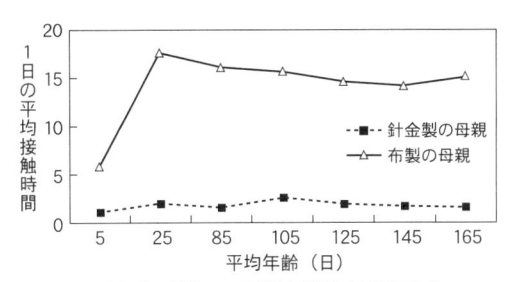

図3-2 子ザルが人工の母親と接触する時間 (Harlow & Mears, 1979より作成)

　さらに，アタッチメント（愛着）の形成も子どもの養育にとって重要である。アタッチメントとは，ボウルビィ（Bowlby, J.）が提唱した概念であり，特定の養育者に対する情愛的な絆や結びつきおよびその行動をさす。彼は，孵化したばかりのひな鳥が，最初に出会った対象を親鳥として追いかけ，他のものは見向きもしなくなる現象（刷り込み，インプリンティング）を，子どもの発達における母子関係にあてはめて考えた。子どもの母親への愛着は，吸う・しがみつく・泣く・微笑むなどの生まれつき備わっている行動を基礎にして，子どもからの積極的なはたらきかけによって形成されるものとした。このアタッチメントが形成された子どもは，その養育者と離れるのを怖がる分離不安や人見知りを示すようになる。

　とくに，発達段階の初期である乳児期は，このアタッチメントを形成する重要な時期とされる。たとえば，なんらかの理由で母親から離され，乳児院や孤児院などの施設で育てられた乳幼児が，高い死亡率，特有の発達遅滞現象，後遺症的な人格障害などを示しやすいことを報告した研究もある。そして母親など養育者との間に親密で継続的な関係が欠けていると（マターナル・デプリベーション），子どもの安定した精神発達に悪影響が現われるのではないかといわれている。

　さらに子どもは，母親などの養育者と安定した愛着関係を築くと，それをもとにして他者との安定した人間関係をもつことができるのであり，愛着関係は性格形成の基盤になるといえる。

2 しつけの型

親子関係が子どもの性格形成や対人関係・社会的適応などに大きな影響を及ぼすが，この影響は養育者が子どもに対してとる態度や行動に依存することが知られている。

たとえばサイモンズ（Symonds, 1939）は，図3-3に示すように，親の養育態度を支配―服従，受容―拒否の2つの軸で，4つの型（かまいすぎ，甘やかし，厳格，無視）に分類した。

支配的とは，親が子どもの生活に口を出し，親の考えるように子どもを統制しようとするタイプであり，服従的とは，子どもの言いなりになるタイプである。受容的とは，親が子どもを受け入れ，愛情を注ぐタイプであり，拒否的とは，親が子どもを愛さないタイプである。そしてこれらの組み合わせによってできる代表的な4つの型が分類される。たとえば，受容的であり支配的な型がかまいすぎであり，その場合は親の過保護のため子どもは親に依存するようになる。逆に受容的であり服従的な型はたんなる甘やかしであり，子どもは独裁的にふるまったり，反抗したりしやすくなる。また，拒否的で，支配的な態度をとるのは厳格型であり，子どもは厳しい親から逃避しようとする。逆に拒否的で服従的な態度の型では子どもに対して無関心になり，子どもは無視する親に対して攻撃的になる。このような偏った親子関係はいずれも子どもの健全な

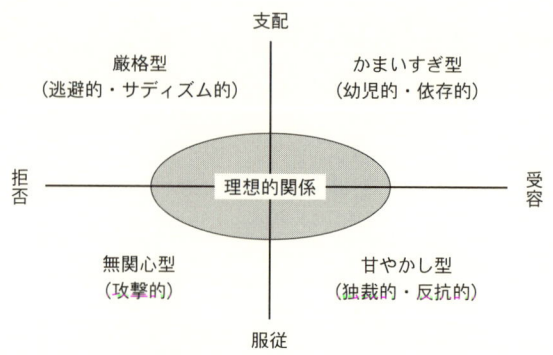

図3-3 親の養育態度の分類（Symonds, 1939より作成）

心理的発達を阻害することになり，理想的なのはバランスのとれた関係であるとされる。

2 自己概念の発達

1 自己概念

自分に対する知識を自己知識といい，その自己知識の総体を自己概念とよぶ。自己概念には，「几帳面な性格である」「目鼻立ちが整っている」など，自分のいろいろな側面について知っているという自己認知と，「自分に自信がある」など，自分のことをどのようにとらえているのかという自己評価が含まれる。

自己概念を客観的にとらえるひとつの方法として，「私は……」に続く文章を自由に思いつくままに書き出す20答法がある。「私は誰だろうか？」テストともよばれ，自分が何者なのかを，自分自身に問いかけるテストである。これによって，自己認知や自己評価はどうなのかをおおよそ知ることができる。記述数については，自分について意識したり，自分を見つめたりということをふだんからしているかどうかによって，数に違いが出るとされる。記述内容については，子どもの年齢が上になるにつれて，外面的・表面的特徴（名前，性別，年齢，好み，身体的外見など，第三者が見て事実と確認できるような特徴）が減少し，心理的特徴（性格，思想，価値観など，自己の内面に関する特徴）が増加するとされる。幼児期や児童期では前者が多く，具体的な浅い水準の自己理解にすぎないが，青年期になると後者がふえ，かなり抽象的で深い自己理解をするようになる。

2 自尊感情

全体として自分を見つめたときの肯定的な評価にともなう感情を自尊感情とよぶ。自分を尊敬する，すなわち自分を大切に思える感情である。自分は人並み程度には価値がある存在と感じることができる場合は，自尊感情が高くなる。一方，とるに足りない存在と感じる場合は，自尊感情が低くなる。自尊感情の

高い人は，低い人に比べて相対的に，成功への期待が高く，自信に満ち，積極的にものごとに対処するという特徴がみられる。

　自尊感情は常に一定ではなく，年齢によって発達的変化があり，一般に青年期には自尊感情が低くなる傾向がある。それにはさまざまな原因が考えられるが，青年期は第二の誕生の時期といわれ，養育者への経済的・精神的依存から，大人としての自立を志向するようになる。自分が自立しようとするなかで，「自分とは何者か」「何のために生きているのか」「どんなことができるのか」と考え，より自分自身を見つめるあまり，自己内の矛盾について失望してしまうため，自尊感情が低くなるといわれる。また，自分と他人を比較して，自分に足りないことや自分が満足できないことばかりに目がいってしまうため，あるいは本来あるべき理想の自分に対して現実の自分を物足りなく感じてしまうために，自尊感情が下がるとも考えられる。青年期後期以降，さまざまな経験を積み，自信をつけていくことによって，自尊感情がしだいに高くなっていくのが一般的といわれる。さらに，自尊感情に影響を及ぼす要因も変化する。青年期は，自分の容姿や服装，髪型などの外見によって大きく影響を受けるため，他人が自分の外見をどのように評価しているかが気になる。しかし，青年期以降は，外見はそれほど重要視されなくなり，外見よりも中身によって他者を評価するようになる。

　自尊感情のあり方は親や仲間などの他者から影響を受けるが，青年期前期には親子関係，後期にはとくに同世代の仲間関係からの影響が顕著であるとされる。親や仲間から信頼され，受け入れられていると感じている者のほうが，自尊感情は高い。同時に，自尊感情が高い人は，周囲から受け入れられることで，ますます自尊感情を高めるという循環もある。

3　アイデンティティ

　アイデンティティ（自己同一性）とは，エリクソン（Erikson, E. H.）が提唱した概念であり，「自分とは何者か」という問いに対する自分でつくった答えである。「自分が過去から未来にわたってずっと自分である」という感覚や

「自分は何者か」という自覚,「自分らしさとは何か」という意識をもっていることがアイデンティティをもった状態とみなされる。

　青年期において最も重要な課題がアイデンティティの形成であり,この時期にアイデンティティが達成できるかどうかが,次の段階以降の人生の発達にかかわるとされる。アイデンティティの形成ができて自分がどのような人間であるかがわかっているからこそ,自分を見失ったりしないし,周囲に流されたりしない。社会にどのような貢献ができるかを自覚しているからこそ,自分の適性や能力にあった職業を選択できるし,自分の個性や好みを把握しているからこそ,自分と考え方や価値観が異なる他者とも親密な関係をつくることができる。

　逆に自分が何者かわからない状態になると,「何をしてもつまらない」「打ち込めるものが見つからない」というアイデンティティ拡散の状態にあるといわれる。青年期は,このアイデンティティの形成かアイデンティティの拡散かというどちらかに大きくゆれる危機的な時期といえる。

　エリクソンは,8つの発達段階のそれぞれにおいて,心理的・社会的に乗り越えなくてはならない課題とそれができなかったときに陥る危機を示した。これは心理社会的発達段階説とよばれ,図3-4に示している。対角線上のマスには,発達段階ごとにどのような危機があるのかが対立関係で表現されており,それぞれ,上が肯定的なものを,下が否定的なものを表わしている。たとえば青年期においてはアイデンティティ達成が望ましい発達を意味しているが,達成のみを経験すればいいというのではなく,時には拡散の状態に陥りながら,達成と拡散との葛藤のなかで学習していく過程が大事である。結果として危機を解決できたか否かよりも,その危機をどのようにして乗り越えたか,ということが重要とされる。

第Ⅰ部　子どもの発達の理解

	乳児期 0-2歳頃	幼児期 2-4歳頃	児童期 前期 5-7歳頃	児童期 後期 8-12歳頃	青年期 13-22歳頃	前成人期 23-34歳頃	成人期 35-60歳頃	老年期 61歳頃-
第8段階								統合対絶望
第7段階							生殖性対停滞	
第6段階						親密性対孤独		
第5段階					同一性達成対同一性拡散			
第4段階				勤勉性対劣等感				
第3段階			自発性対罪意識					
第2段階		自律性対恥・疑惑						
第1段階	信頼対不信							

図3-4　エリクソンの心理社会的発達段階説（Erikson, 1967）

3 性役割の獲得

1　性と性役割

　解剖学的な意味での性であるセックスは生まれつき決まっているが，社会的な性であるジェンダー（gender）は生まれてからの社会や文化によって決められる特質である。そして，男女それぞれのジェンダーにふさわしい役割を性役割とよぶ。

　生まれた後には，その社会や文化において，男の子なら「男としてふさわしい」あるいは女の子なら「女としてふさわしい」とされる育て方がなされる。たとえば，着る服の色やおもちゃの種類は，それぞれの性別に応じたものが暗黙のうちに選ばれることが多い。これらの影響を受けて男らしく（または女らしく）なることを性役割の獲得という。また，言葉遣いや行動様式など，それ

ぞれの性別にふさわしいかどうかという判断で区別され，しつけられることをとおして，自分が「男性である」あるいは「女性である」という意識が形成されるが，これを性同一性の形成という。

　自分に与えられた性が，本来の自分の性ではないと強く感じることを，性同一性障害とよぶ。恋愛感情の対象や，性交渉の相手，衣服や言動などについて，周囲から期待されているものと，自分が望むものとが一致せず，苦痛を感じるという障害である。この例から男らしさ・女らしさは自然に身につくとは限らないことがわかる。

　また，遺伝的に同じ素質をもつ一卵性双生児が，生まれた後のある事故によって，片方は本来の男性として，もう片方は女性として育てられたという報告がある。そこでは男性として育てられた人と女性として育てられた人とで，好みや行動における男女の違いが明確になったということである（Money & Ehrhardt, 1972；遠藤, 2000）。この例から，遺伝的な性よりも社会的な性による影響が強いことがわかる。

2　男らしさと女らしさ

　男らしさや女らしさという，それぞれの性に重要とされる性質は異なる。表3-2に示すように，男らしさの特徴は，活動性や能力に関するものが多いのに対して，女らしさの特徴は，非活動性や美しさに関するものが多い。

　男らしさや女らしさの特徴は相対的なもので，重なり合っている部分がある。

表3-2　「男らしさ」「女らしさ」に重要とされる性質（伊藤，1978）

男らしさ	男女に共通	女らしさ
冒険心に富んだ	忍耐強い	かわいい
たくましい	心の広い	優雅な
大胆な	頭のよい	色気のある
指導力のある	明るい	献身的な
信念をもった	暖かい	愛嬌のある
頼りがいのある	誠実な	言葉遣いのていねいな
行動力のある	健康な	繊細な
自己主張のできる	率直な	従順な
意志の強い	自分の生き方のある	静かな
決断力のある	視野の広い	おしゃれな

図3-5 男らしさと女らしさの特徴（遠藤，2000より一部改変）

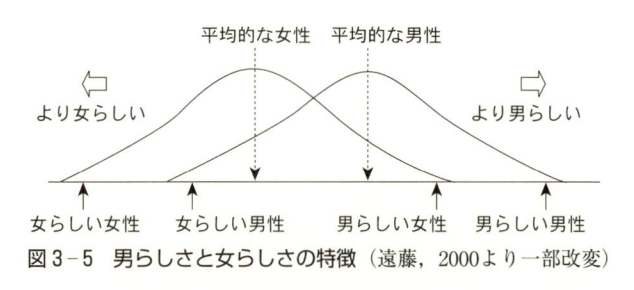

（グラフ：横軸左から「より女らしい」、右へ「より男らしい」。二つの正規分布曲線が重なっており、左の山の頂点が「平均的な女性」、右の山の頂点が「平均的な男性」。横軸上に左から「女らしい女性」「女らしい男性」「男らしい女性」「男らしい男性」の矢印。）

図3-5において，横軸は，右のほうへ行くほど男らしいことを意味し，左のほうへ行くほど女らしいことを意味する。縦軸は，男性と女性のそれぞれのうち，どのくらいの人があてはまるのか，という分布図である。この図から，男らしい女性や女性らしい男性が存在すること，さらに，平均的な女性は，女らしさと男らしさとの両方を併せ持っているし，平均的な男性も同様であることがわかる。社会や文化が異なれば，女らしさのもつ意味も異なるし，時代とともに変化する。たとえば，極端に文化の異なる民族では，男性と女性の役割は異なるし，時代が変われば生活環境や考え方が変わるため，女らしい態度とか男らしい行動も変わってくる。

3　性役割ステレオタイプ

　男らしさとか女らしさという性役割に応じて，社会や文化の側から期待されるものを性役割期待（例：父親に「家事は女がするものだ」と言われる）といい，その期待に沿うように自らの役割を理解し形成することを性役割認知（例：「女が家事をするべき」と期待されていることを知る）という。また，その認知に従って実際に行なうことを性役割行動（例：女である自分が進んで家事をする）という。これらの性役割の期待，認知，行動に関して，「男性または女性はこうあるべきだ」という性役割に関する思い込みや決めつけを性役割ステレオタイプとよぶ。

　性役割ステレオタイプは，さまざまな生活場面をとおして獲得される。親による性に応じたはたらきかけは直接的なものであり，周囲の人々の性に結びつけた行動の観察は間接的なものである。

4章　社会性と社会的スキルの発達

1　遊びと仲間関係の発達

　人が社会のなかで生きていくうえで必要となる心理的特性を社会性という。社会性の発達は，発達の過程で子どもが社会性を身につけていくという意味から社会化ともよばれる。子どもが社会性を身につける過程において，発達の初期では大人とくに親との関係が重要であるが，その後はより対等の関係にある他の子どもとの相互交渉による社会性の獲得が大切である。ここでは，幼児期の子どもの遊び場面での他者とのやりとりの変化，および児童期での友だち関係の特徴を述べる。

1　遊びの発達

　パーテン（Parten,1932）は，幼児の自由遊び場面における他者との相互交渉の程度から，以下のような社会的遊びの型を分類している。
①行動に加わらない：他の子どもの遊びにとくに注意を向けることがない行動
②傍観：遊んでいる他の子どもに時おり声をかけたりするが，遊びの仲間に入っていこうとしない行動
③ひとり遊び：他の子どもの遊びとかかわりなく，自分の遊びに専念している行動
④平行遊び：他の子どもと同じオモチャで同じ遊びをしているが，相互交渉はない行動
⑤連合遊び：他の子どもといっしょに遊び，オモチャを借りたり貸したりする行動

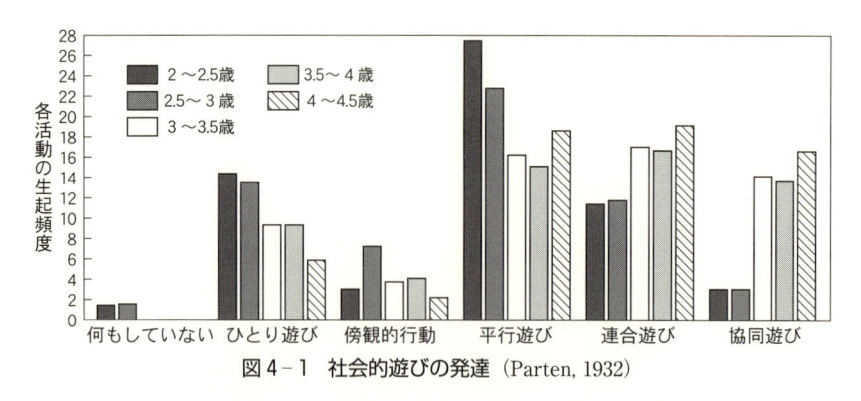

図4-1 社会的遊びの発達 (Parten, 1932)

⑥協同遊び：ある物を作るなど，一定の目的のためにいっしょに遊ぶ。リーダーがいて，お互いに役割分担をしたり補ったりする行動

これらの遊びの頻度からみた発達傾向は，図4-1に示されている。相互交渉のないひとり遊びや平行遊びは徐々に減少していき，逆に他者との相互交渉をともなう連合遊びや協同遊びはしだいに増加していくようすがうかがえる。このうち協同遊びは，幼児期の終わりから児童期にかけてさらに多くなり，幼児期から児童期にかけては遊びという場面をとおして他者との協調，役割分担などの社会性を身につけていくといえる。

2　ギャングエイジ

乳児期から幼児期にかけての社会的交渉の相手の中心は親や家族である。しかし，遊びの型の変化にみられたように幼児期の終わりから児童期にかけては，他者である他の子どもとの相互交渉がより多くなってくる。

とくに協同遊びのように，対等の他者である友だちとの相互交渉をとおして協調したり，目標に対して役割を分担するなどの社会生活で基本となるような資質が養われるといえる。さらに，児童期の後半にはギャングエイジ（徒党時代）といわれ，少数の閉鎖的な仲間集団を形成して，行動をともにするようになる時期がある。この徒党集団の特徴は表4-1にまとめられているが，これは家族集団とは別の，同輩で構成された緊密な相互関係をもつ集団にあらたに参画することを意味する。このような集団内での相互交渉によって，対等の他

表4-1 徒党集団の特徴

1. 児童期後期（小学校の高学年）でみられる
2. 集団の人数は，5〜8名である
3. 同性の者で構成される
4. メンバーだけに通用する約束，ルールがあり，それに従おうとする
5. 集団での活動では，リーダー，フォロワーなどの役割分化がみられる
6. 仲間以外の者に対して，閉鎖的，排他的である
7. 大人（親，教師）の干渉から逃れようとし，自分たちだけの秘密の場所をつくろうとする

者と共通の約束ごとを作ったり，仲間の期待にこたえルールや約束を守ることなど，多くのことを学習していくと考えられる。そして，児童期後半から青年期においては，親子関係よりも友だち関係へと関係の中心が移行し，依存的な親子関係とは別の対等な他者との関係によってさらに社会性を身につけていくのである。

2 道徳性と向社会性の発達

社会性の発達のなかでも，善悪の判断基準を健全に発達させることは重要である。ものごとの善悪の判断様式を道徳性といい，その発達的変化について多くの研究がなされている。ここでは，その代表であるコールバーグ (Kohlberg, L.) の道徳性の発達段階説を取り上げる。また，社会性のなかでも，他者を思いやり，助けるという行動傾向を向社会性というが，この特性の発達についても述べることにする。

1 道徳性の発達

コールバーグは，子どもにいくつかの話を聞かせ，主人公の行動がよいか悪いかを判断させ，その理由を説明させている。たとえば，

「ハインツの妻は重病にかかり死にそうになっていました。その病気を治す薬をある人が開発していましたが，それはとても高価でした。ハインツは人にお金を借りて工面をしましたが，薬を買うだけのお金には足りませんでした。困ったあげくに，ハインツはその人の家に押し入って薬を盗み

ました」

という話を聞かせ,「ハインツは盗むべきであったか,盗むべきでなかったか」をたずね,「なぜそう思うか」の理由も説明させた。そして,子どもが説明した理由にみられる判断基準をもとにして,表4-2に示すような3水準,6段階からなる道徳性の発達段階説を提出している（Kohlberg, 1969）。

表4-2のうち,最初の2つの段階は,まわりの人の反応や社会などが意識されていないという意味で前慣習的水準とされる。この水準は,罰せられるかどうかによって善悪が判断される罰と従順志向段階と,自分にとっての利益から判断する快楽主義志向段階に分けられる。次の慣習的水準は,他の人たちがどう思うかや,社会秩序の維持といった他者や社会を考慮した判断であるので慣習的とされる。この水準は,他人や世間にほめられるかどうかによって判断するよい子志向段階と,より広範な社会の秩序維持から判断する法と秩序志向段階に分けられる。そして,脱慣習的水準は,他者,世間,社会における既成の慣習的道徳を絶対視せず,必要ならそれを変更したり破ることもよいと考えるので脱慣習的とされる。この水準には,法を絶対視せず必要であれば合意によって変更してよいとする社会的契約志向段階と,法よりも生命や公正などの普遍的価値を重視し優先する普遍的原理志向段階がある。

表4-2 道徳性の発達段階 (Kohlberg, 1969)

水　準	段　階
Ⅰ　前慣習的水準	1　罰と従順志向 人から罰せられるかどうかで善悪を判断し,その基準は親や権威から命令として与えられる。
	2　快楽主義（自己本位）志向 自分の欲求や利益をみたすものがよいとする。
Ⅱ　慣習的水準	3　よい子志向 他人からほめられたり,喜ばれるような判断を行おうとする。
	4　法と秩序志向 社会秩序の維持のためにルールや法が必要であり,ルールに従うことを絶対的なものと考える。
Ⅲ　脱慣習的水準	5　社会的契約志向 ルールを相対的に考え,みんなの同意があれば変更してよいとする。
	6　普遍的原理志向 生命,公正,平等などの普遍的な価値に基づいて判断しようとする。これらが損なわれる場合は,法やルールを破ってもよいとする。

図4-2は，コールバーグ（Kohlberg, 1963）による年齢ごとの各段階を示す者の比率を表わしたものである。幼児期と児童期前半までは罰と従順志向や快楽主義志向が多いが，児童期後半から青年期にかけてはよい子志向や法と秩序志向が増加している。また，児童期では少ない社会契約志向も青年期以降にしだいに増加を示し，全体として年齢とともにより上位の段階へと変化することが示されている。

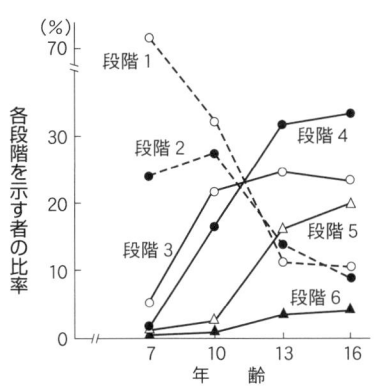

図4-2 年齢による各段階の割合の変化（Kohlberg, 1963）

2　向社会性の発達

向社会性とは他者への思いやり，援助などの特性を意味しており，道徳性の発達とともに社会性発達の重要な側面といえる。前述のコールバーグによる道徳性の発達段階は，「～してよいか，よくないか」という側面に焦点があてられたものであったが，これに対して，アイゼンバーグ（Eisenberg-Berg, 1979）は他者に対する思いやりや援助に焦点をあて，自分の要求と他者の要求が葛藤するような場面で「他者を援助するかどうか」という向社会的判断の発達を検討している。コールバーグの方法と同様に，アイゼンバーグも判断のための物語を聞かせている。たとえば，

「ある村での作物の収穫は村人がやっと食べていけるだけしかなかった。そして，隣の村では洪水のために食べ物がなくなってしまい，こちらの村に食べ物をわけてほしいという申し出がきた」

という趣旨の物語を聞かせて，「どうしたらよいか，その理由はなぜか」について回答させた。彼女は提出された判断理由をもとに，以下の6つの向社会性の段階を提出している。

レベルI　快楽主義志向：自分に得るものがあるか，お返しがあるかなど，

自分の欲求を満たすかを考える

レベルⅡ　他人の要求志向：他人の要求に関心を示すが，それにとどまり，共感などはみられない

レベルⅢ　承認と対人的志向：よい行動，悪い行動など紋切り型のイメージや他人に承認されるかによって判断する

レベルⅣa　共感志向：他者への共感，行為の結果についての罪悪感や満足感などによる判断

レベルⅣb　移行段階：内面的な価値，規範，義務などを考えるが，明確に表明できるものにはなっていない

レベルⅤ　強く内面化された段階：明確な内面的な価値，規範，義務による判断とその行動による肯定的感情や否定的感情を考慮する

　図4-3は，アイゼンバーグの発達段階をわが国の幼児，児童，青年で検討した結果（宗方・二宮，1985）を示したものである。幼児期（年中）から児童期前半までは，レベルⅠ～レベルⅢが大半を占めているのに対して，児童期後

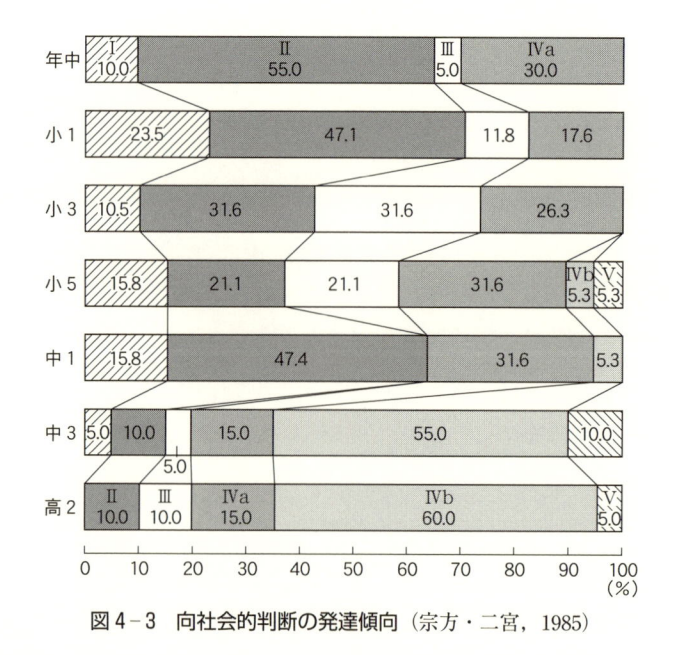

学年	Ⅰ	Ⅱ	Ⅲ	Ⅳa	Ⅳb	Ⅴ
年中	10.0	55.0	5.0	30.0		
小1	23.5	47.1	11.8	17.6		
小3	10.5	31.6	31.6	26.3		
小5	15.8	21.1	21.1	31.6	5.3	5.3
中1	15.8	47.4		31.6		5.3
中3	5.0	10.0	5.0	15.0	55.0	10.0
高2		10.0	10.0	15.0	60.0	5.0

図4-3　向社会的判断の発達傾向（宗方・二宮，1985）

半から青年期においてはレベルⅣ（a，b）が増加し，レベルⅤも出現しはじめる。一般には，幼児期から児童期前半までは，たんなる他者の要求への気づきや紋切り型のイメージなどによる向社会性が多いのに対して，それ以降は共感や内面的な責任，義務から発する自律的な向社会性へと変化するといえる。

3　社会的スキルの発達

1　社会的スキルとは

　道徳性や向社会性は，社会で生きていくうえで基本となる一般的な資質や特性に焦点があてられたものであるが，これとは異なり，具体的な対人関係の場面において円滑に対処する行動という視点から社会性を考える場合は，社会的スキルとよばれる。社会的スキルとは，対人関係を円滑に行なうための技術をいい，スキル（技能）ということばが意味するとおり，経験，訓練によって学習されると考えられている。車の運転技能と同じように，対人関係において「しっかり相手の話を聞く」「自分の言いたいことをうまく伝える」「他者との葛藤に適切に対処する」などの行動も訓練や練習によって改善され，じょうずになると考えるのである。また，社会的スキルにおいては，対人関係を円滑に行なうために必要となるものを，一般的資質や特性の問題ではなく個別的な技能のリストとして考える。たとえば，ゴルドシュタインら（Goldstein et al., 1986）は，青年の社会的スキルとして初歩的スキル（聞く，お礼を言う，自己紹介をするなど），高度なスキル（助けを求める，謝る，納得させるなど），感情処理のスキル（感情を表現する，他人の感情を理解する，他人の怒りを処理するなど），攻撃に代わるスキル（許可を求める，権利を主張する，他人とのトラブルを処理するなど），ストレスを処理するスキル（苦情にこたえる，失敗を処理する，非難に対応するなど），および計画のスキル（問題が何かを決める，自分の能力を知る，問題を重要な順に並べるなど）の6つのスキル群をあげている。また，庄司（1991）は児童・生徒用の社会的スキルを測るために，表4-3に示した予備的尺度を作成している。

表4-3　児童・生徒用の社会的スキル尺度（庄司，1991）

1　友だちが困っているとき，手助けする。
2　友だちが失敗すると，笑ってしまう。（※）
3　友だちが一人で寂しそうなときは声をかける。
4　友だちがいっしょに帰ろうと誘ってきたとき，断る。（※）
5　友だちが何かをうまくしたとき，「じょうずだね」などとほめる。
6　友だちが本を読んでいるとき，面白いことがあれば，つい騒いで友だちのじゃまをしてしまう。（※）
7　友だちがいっしょに帰ろうと誘ってきたとき，「うん，いいよ」と答える。
8　友だちが失敗したとき，励ましたりなぐさめたりする。
9　友だちとの約束を守らない。（※）
10　ほかの友だちがいるところで，仲のよい友だちと内緒話をする。（※）
11　友だちが困っていても，ついそのままで見過ごしてしまう。（※）
12　友だちから何かを頼まれたとき，断る。（※）
13　友だちに会ったとき，自分から声をかける。
14　友だちと話をしているとき，冗談などを言って，話がはずむようにする。
15　友だちを「ばか」などと，けなす。（※）
16　友だちに「ありがとう」などと言って，感謝の気持ちを伝える。
17　友だちから何かを頼まれたとき，それに応じる。
18　友だちといっしょにいる。
19　友だちとの約束を守る。
20　友だちを遊びに誘う。
21　友だちに自分の物を貸す。
22　友だちに食べ物や飲み物をおごる。

（著者注）※のついた項目は否定したときに得点を与える逆転項目である。

2　社会的スキルの発達

　対人関係において，意見が対立する，非難を受けるなど他人との対立や争いの場面を対人葛藤というが，このような対人場面の処理にかかわるスキルは，対人葛藤の処理または社会的問題解決のスキルとよばれている。このような対人関係上の問題解決スキルの発達について，イエーツとセルマン（Yeates & Selman, 1989）は，表4-4に示した4つの発達段階（レベル0〜レベル3）を提唱している。

　この4つの発達段階は，問題解決の各ステップである問題の定義，解決方略の産出，方略の選択と実行，結果の評価のおのおのにおいて異なり，その段階

表4-4 対人的問題解決の発達段階（Yeates & Selman, 1989；渡部, 1993）

レベル	情報処理ステップ			
	問題の定義	方略の産出	方略の選択と実行	結果の評価
0	心的な面を考慮せず，身体的（物理的）面から問題が定義される。	方略は，衝動と行動がほとんど未分化な身体的（物理的）なものである。	自己を直接満足させたり，守ったりするための方略が選択される。	結果は，自己の直接的な欲求に基づいて，評価される。
1	自己，あるいは他者のどちらか一方の欲求の面から問題が定義される。	方略は，力の主張か，あるいは服従である。	短期間の間，自己，あるいは他者を喜ばせる方略が選択される。	結果は，自己，あるいは他者のどちらか一方の個人的満足の面から評価される。
2	自己と他者の欲求を同時に対比させることによって，問題が定義される。	方略は，平等な形で，両者を満足させるものである。	自己と他者，及び，二人の関係を満足させるような方略が選択される。	結果は，平等な交換を重視した，両者のバランスを基に評価される。
3	相互の目標と両者の長期間の関係の両面から問題が定義される。	方略は，自己と他者の目標を統合するものである。	両者の関係を持続させたり，協力を最大限にするような方略が選択される。	結果は，両者の関係に及ぼす長期間の効果を考慮して評価される。

（レベル）特有のパターンをもつとされている。この発達傾向について渡部（1993）は，わが国の小学生で検討し，図4-4に示されるような発達傾向を得ている。4つのレベル（0～3）をそれぞれ0点から3点までの得点で表わし，その平均を学年ごとに求めて図示している。これをみると，小学1年生ではレベル1，小学4年生ではレベル2，小学6年生ではレベル2～3の状態といえる。また，性別では女子のほうがより高いレベルにあることも示されている。

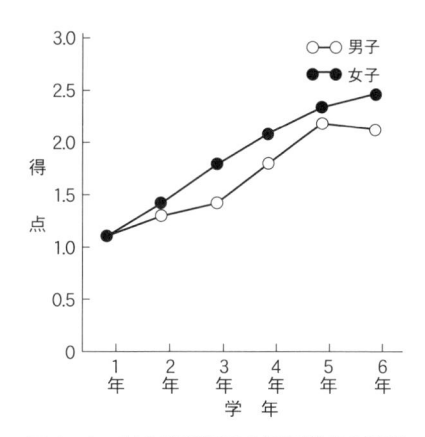

図4-4 対人葛藤場面の処理様式の発達
（渡部, 1993）

第Ⅱ部

学習のプロセスと指導

5章　学習の動機づけ

1　内発的動機づけ

1　内発的動機づけと外発的動機づけ

　人は金品を得たり，ほめられたりというような外的な報酬や賞を得るためだけに行動するわけではない。近年，自分たちでロボットを設計し，製作し，コンテストなどに出場する学生のようすがテレビなどでも放映されている。彼らを見ているとたんに優勝するためや，注目を浴びるためだけではなく，ロボットを作り，操ること自体を楽しんでいるようである。その活動を行なうこと自体を目的としているような場合があるのである。このように，その行動以外には明白な報酬が認められないような行動を内発的に動機づけられた行動とよぶ。この場合，報酬や賞罰は必要ではなく，行動自体が目的なのである。
　一方，報酬を得る手段として行動する場合，その行動は外発的に動機づけられているという。賃金を得るための労働や，教師や親のほめことばや単位を得るための勉強などがその例である。
　しかし，ある行動が内発的動機に基づくものか，外発的動機に基づくものかを厳密に区分することは困難である。落書き帳にクレヨンで絵を描いている子どもは，養育者の「じょうずね」という称賛のことばを期待して行なっている（外発的動機づけ）一方で，描きたい気持ちを表現している（内発的動機づけ）こともある。基本的な違いは，原因の所在が内的か外的かということであり，たとえば自分の興味に基づいてある学習を行なっているのであれば原因の所在は内的になり，内発的動機といえるが，他人や，自分以外のものに影響されている場合は原因の所在が外的となり，外発的動機となる。
　近年，内発的か外発的かの二者択一ではなく，それぞれ独立して行動に影響

し，それぞれが影響する程度が異なるという考え方がある。この考え方では，教室場面において内発的，外発的いずれの動機づけも有効ということになる。内発的動機づけを重視するのが教育的であるとする考えもあるが，すべての学習課題に内発的動機のみに基づいて取り組むことは無理であろう。教師は，内発的動機づけを支援しながらも，外発的動機づけが学習を支えるという場合も心に留めておかなければならない。

2　内発的動機づけと好奇心

人間が本来的にもつと考えられている動機のなかで，とくに学習行動と関係の深いものとして，知的好奇心があげられる。人は新奇な，驚くべき，あるいは複雑な刺激を探索するよう本来動機づけられていることは古くから知られている。

バーライン（Berlyne, 1962）は，概念的葛藤によって生じた好奇心を満たすことが強化につながると述べている。子どもは葛藤を生じさせる情報や納得できない情報を与えられると不快感をもち，それを解消するために課題に関心をもち，新しい情報を得ようとするという考え方である。また，ロウエンシュタイン（Lowenstein, 1994）は，知識のずれに注意が向いたとき好奇心が生じると示唆している。そのずれに気づくと欠落している情報を求め，それによって欠乏感が低減するというのである。そのためには，子どもはある程度の好奇心に結びつく基礎知識を事前にもっており，好奇心を生じさせるギャップに気づかなくてはならない。あるいは，欠落している知識を指摘することによってまちがいから好奇心を刺激することもできる。また，あることを知れば知るほど，さらに知りたくなることもある（図5-1）。

実際の教育場面では，子どもたちの好奇心を喚起するためのくふうをすることは重要である。低学年では，学習に関係する具体物をいろいろとさわらせることが好奇心を刺激するであろうし，高学年では，うまく考えられた発問や，矛盾を提示することによって好奇心を刺激することができるであろう。

第II部　学習のプロセスと指導

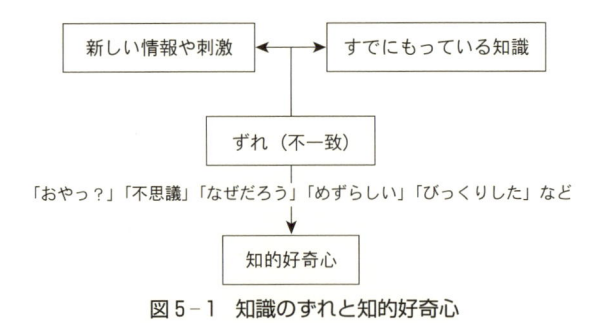

```
┌─────────────┐     ┌─────────────┐
│新しい情報や刺激│ ←→ │すでにもっている知識│
└─────────────┘     └─────────────┘
            ↓
       ┌─────────┐
       │ずれ（不一致）│
       └─────────┘
「おやっ？」「不思議」「なぜだろう」「めずらしい」「びっくりした」など
            ↓
       ┌─────────┐
       │ 知的好奇心 │
       └─────────┘
```

図5-1　知識のずれと知的好奇心

2 原因帰属と動機づけ

1　帰属理論

人は自分や他人の行動の原因は何かということを明確にしようとする。そして，自分自身の成功や失敗が生じた場合，なぜだろうかと考える。そこから得られる答えはさまざまで，たとえば，能力，運，気分，努力，知識，興味などがあげられる。

ワイナー（Weiner, 1979）は，表5-1に示すように，成功や失敗の原因帰属のほとんどは，統制の位置，安定性，統制可能性の3つの次元によって説明可能であるとした。統制の位置とは，原因が自分の内にある（内的）のか外にある（外的）のかという次元，安定性とはその原因の状態は変化しない（安定）のか変化しうる（不安定）のかという次元，統制可能性とはその原因をコントロールできる（統制可能）かできない（統制不可能）かという次元である。表5-1のように，すべての原因はこれら3つの次元によって分類することが可能である。

このような原因帰属がなぜ動機づけを左右することになるのであろうか。た

表5-1　ワイナーの原因帰属理論の分類による成功・失敗の原因（Weiner, 1979）

	内的		外的	
	安　定	不安定	安　定	不安定
統制不可能	能　力	気　分	課題困難度	運
統制可能	努　力	一時的な努力	教師の偏好	他人からの援助

とえば，安定したものに失敗の原因を帰属すれば，将来も失敗することが予想されるので，もう1度挑戦しようという意欲がわかないであろう。また，内的要因に帰属する傾向のある人は，成功の場合は自尊心を高めるが，失敗したときには逆に低下させる。すなわち，自尊心にともなう感情が動機づけを左右することになる。

2　教室における帰属

よくできる子どもが失敗した場合，「考え方をまちがった」「必要な知識が足りなかった」「一生懸命勉強しなかった」という内的で統制可能なものに帰属することが多い。その結果，次回は成功できるよう努力しようとする。しかし，逆に失敗を安定的で統制不可能なものに帰属した場合，動機づけの面に問題が生じ，そのような子どもは，また失敗すると考え，無力感をもつことになる。

このように，成功・失敗の原因をどう考えるかは，子ども次第であるともいえるが，教師のかかわり方によっても影響を受ける。図5-2に例示したように，教師のことばかけによって，同じように失敗した場合でも，無力感にうちひしがれるか，意欲的に学ぼうとするかに分かれる。

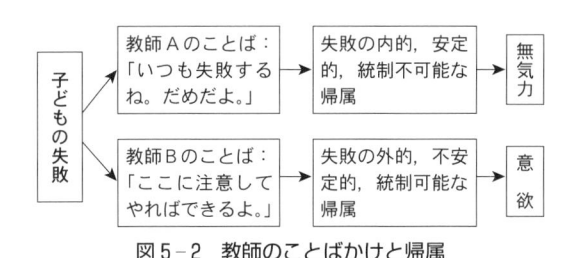

図5-2　教師のことばかけと帰属

3　自己の認知と動機づけ

1　2つの知能観

前述の帰属理論から考えると，最も動機づけに影響するもののひとつは自分自身の能力の見方である。通常，人は2つの異なる能力についての見方をもっ

表5-2 知能観と動機づけ (Dweck, 1986より一部改変)

知能観	現在の自分の能力に対する認知	行動パターン
固定的	高い	挑戦的 ねばり強い
固定的	低い	挑戦を避ける あきらめる
拡張的	高い	挑戦的 ねばり強い
拡張的	低い	挑戦的 ねばり強い

ている。1つは固定的知能観であり，知能は安定していて統制不可能なものであるという考え方である。もう1つは拡張的知能観であり，これは反対に知能は安定的なものではなく，統制可能なものであるという考え方である。

年少の子どもは拡張的知能観をもっており，努力と知能は同じ意味であるととらえているが，年長になるにつれ努力と知能を区別する子どもがふえる。何も努力せずによい成績をとる子どもがいることを知り，それが本当に賢いのだと思うようになる。この頃になると，知能観が動機づけに影響するようになる。表5-2に示すように，固定的知能観をもっている子どもは，自分の現在の能力が高いと考えている場合には意欲的に行動するが，低いと考えている場合は意欲を失う。ところが，拡張的知能観をもっている子どもは，どちらであっても意欲的に行動し，自分の技能を磨こうとするし，失敗しても訓練が十分でなかったと考える。

2 自己効力感

行動の結果をどのように予測するかが動機づけの源泉であるとバンデュラ (Bandura, 1986) は考えた。「うまくいくか，失敗するか」「勝つか，負けるか」といった予測の違いによって，やれそうだという自己効力感 (self-efficacy) に影響がでる。ある特定の領域や課題について，期待された結果を得ることができるという信念や感情が自己効力感である。自己効力感は現在の状態だけでなく，未来志向的である。また同時に，課題によって変わるものであり，領域ごとに決まるといえる。

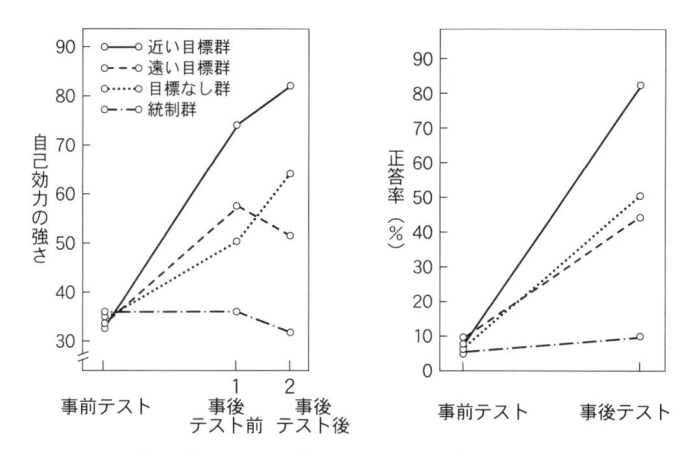

図5-3 目標の違いが自己効力と学力に及ぼす影響(Bandura & Schunk, 1981)

バンデュラとシャンク（Bandura & Schunk, 1981）は，算数が苦手であり興味をもたない小学生40人を4つのグループに分けて，引き算の学習をさせた。近い目標群には1日に6ページを目標に練習するように教示し，遠い目標群には7日間で42ページを目標に練習するように教示し，目標なし群はそのような目標を立てずに練習させた。また，統制群は練習させず，事前テストと事後テストだけを受けた。図5-3に示すように，自己効力の強さにおいても，成績（正答率）においても近い目標群が最もすぐれ，遠い目標群よりも意欲的に練習に取り組んだことがわかる。これは目標がわかりやすく，進歩が確認できるためであろう。

教室で子どもの自己効力感を高めるためには，子どもが進歩を確認しやすい目標をもたせ，それを達成するにはどうすればよいかを教え，できるという自信をもつようにアドバイスするとよい。

3 自己決定感

何をどのように行なうのかを自分で選択したり決定したりしたいと思う認知や感情が自己決定感である。子どもたちに自己決定感を抱かせるように支援すると，子どもは学習内容に興味をもち，創造性を発揮して課題により熱心に取

表 5-3 自己決定感や自律性を支援する方法 (Woolfolk, 2005より一部改変)

1. 子どもたちが選択することを許容し奨励する。
2. 自己選択した目標を達成するための活動計画を援助する。
3. 自分の選択の結果に対して子どもたちに責任をもたせる。
4. 期限, ルール, 制約の根拠について説明する。
5. 不快な感情は教師のコントロールに対する当然の反応であることを知らせる。
6. コントロールされていると感じない正のフィードバックを用いる。

り組もうとする傾向がある。この傾向は, 小学生から大学院生にまで見いだされている (Ryan & Grolnick, 1986; Williams et al., 1993)。選択ができるとその活動を重要と考えるようになり, その結果, 教育目標を内在化させ, 自分自身のものととらえるようになる。反対に, 教師から統制されていると思うような環境では, 子どもは能動的に学ぼうとせず単純な再生課題だけでよい成績を示すにすぎない。認知的評価理論 (Deci & Ryan, 1985) では, 子どもたちに生じるさまざまな出来事に対して教師が外的報酬を与え, 子どもがコントロールされていると強く感じると (制御的側面), 動機づけは低下し, フィードバック情報によって有能であることが知らされると (情報的側面), 動機づけは高くなるという。表 5-3 は自己決定感や自律性を高める方法をまとめたものである。

4 学習性無力感

ある出来事の結果が統制不可能であるという考えをもつようになると, 学習性無力感が生じる (Seligman, 1975)。すなわち学習性無力感とは, それまでの学習において, いかにやっても失敗し統制感の欠落するような経験によって生じるある種の見通しであるといえる。ヒロトとセリグマン (Hiroto & Seligman, 1975) の行なった次の実験について考えてみよう。実験の参加者は, 解決可能なパズル課題と解決不可能なパズル課題のどちらかを解くように求められる。この第 1 段階の扱いの違いによって, 解決不可能群の参加者は, はじめの第 1 段階からその後の第 2 段階に移るとパズルを解こうとしなくなり, 解決可能群よりも解答数が減少したという。

学習性無力感に関連した教育上の問題点は次のとおりである。①希望を失った子どもは動機づけが低下し課題に取り組まなくなるおそれがある。それは失敗するだろうと考え，課題に取り組むことは意味がないと考えるからである。②子どもは学習に対して悲観的になるので，知識や技能を修得したり改善したりしようとしなくなる。③うつや不安といった情緒的な問題を引き起こすこともあり，1度生じた無力感を取り除くことがむずかしくなる。

5　自己価値感

コヴィングトンら（Covington, 1992; Covington & Mueller, 2001）は，修得志向，失敗回避，失敗容認という3つの動機づけの構えが生じると考えた。

修得志向というのは，目標の達成に価値を置き，能力は改善可能なものと考えるため，自分の技能や能力を培おうとする修得目標に焦点を合わせようとする傾向である。失敗回避というのは，固定的な知能感をもつため，失敗から自己や自己イメージを守らなくてはならないと考え，リスクをとろうとしない傾向をいう。極端に低い目標かまたは高い目標を設定したり，結果を気にしていないというふりをするなどの方略を使うことが多い。失敗容認というのは，失敗が続くと，子どもは自分が無能であると考え，あきらめてしまう傾向である。

このような動機づけのタイプの違いは，人はすべて自分の価値を高くみせようとする欲求があり，能力を固定的にみなす場合には，失敗を回避する方向に行動するために生じる。したがって，子どもの学習を導く際には，能力についての考え方を指導し，失敗しても課題の修得に集中できるような支援をしていく必要がある。

困難な課題を解決する能力がないと思い込んでいる子どもは，実際にはすぐれた能力があってもこのような考えに基づいて行動してしまう。そのため，たいした成果が得られないと思い，学習への動機づけが低下してしまう。失敗するとかっこ悪いと考えると自己防衛的になる。この場合，「がんばりなさい」と言っても効果的ではない。目標が高くても努力すればどうにかなり，力がつくことをはっきりとした形で示すことが必要である。表5-4はウールフォー

表5-4 自己効力感や自己価値感を促進する方法（Woolfolk, 2005より一部改変）

1. 子どもの進歩を強調する。
2. 改善のための具体的な示唆を与え，改善がみられた場合は評価を変える。
3. これまでの努力と達成結果の関連を強調する。
4. 学習目標を設定し，修得目標を示す

ク（Woolfolk, 2005）が提案している自己効力感や自己価値感を促進する方法の一部である。

4 学習への動機づけの方法

以上は，動機づけに関係する心理的要因を取り上げて論じたが，ここでは教師が子どもの動機づけに影響を与えることのできる方法を考えてみよう。教師が配慮しなければならない条件は多いが，そのなかの重要な条件を次に述べる。

1 価値のある課題

学習課題によって子どもの動機づけは大きく異なり，学習課題は時として興味深く，時として退屈なものにもなる。学習課題は，子どもの内的欲求や目的と密接に関係するが，エクレスら（Eccles et al., 1998）によれば，子どもにとってどのような課題の価値が考えられるかというと，次の3種類に分類される。

①達成価値：課題をうまくやり遂げることが個人的な欲求や目的を満たすような場合，その課題は価値がある。国際的に活躍できるような人になりたいと考えている子どもの場合は，英語の学習がその子どもにとって高い価値をもつであろう。

②内発的価値：学習活動自体から得られる楽しさが課題の価値になる。昆虫が好きであれば，図鑑を見ることの価値はその子どもにとって大きなものとなる。

③実用的価値：実際の生活に役立ちそうな課題は価値があると思われる。家の人がインターネットで通信しているのを見ている子どもの場合，パソコ

ンの学習は価値のあるものと思われる。

　この3つのいずれかの価値がわかるような学習課題を用意すれば，動機づけを高めることができる。しかし，最も高く子どもを動機づけるのは，教室外の現実生活における問題となんらかの関連性をもった課題である。テストのためだけでなく現在あるいは将来使うような内容であれば，子どもの学習意欲は高くなるであろう。現実的な問題解決学習を用いたこのような課題を真性の学習課題ということがある。

2　自律性の保証された学習

　子どもにどの程度の選択の余地を与え，または自律性が保障されているかは，動機づけにとって重要である。自己決定と原因の内的帰属が内発的動機づけを高めるからである。しかし，まったく方向づけられていない場合は学習がうまくいかない。まったく自由な状態では子どもに不安や戸惑いが生じるからである（Dyson, 1997）。一定の範囲をあらかじめ定めたうえで，自分の興味に基づいて選択させるという適度な自律性が必要である。また，フィードバックについても，評価されたい項目を自分で選ぶという方法も子どもの自立性を育てるひとつの方法である。

3　共通の目標と協力関係

　学習の動機づけにとって教室内の対人関係が重要な役割をになうという考えがある（Johnson & Johnson, 1985）。教室内の子どもたちがある共通の目標をもって活動し，たがいに協力し合っているような場合には動機づけが高まる。そのような同級生どうしの関係は，教師の設定する活動や課題の影響を受け，子どもたちが相互に刺激を与え，協力したり励まし合うことをうながすような条件を満たしている必要がある。複雑な学習や問題解決課題では，低学力の子どもの場合とくに競争よりも協同が高い達成をもたらす。

4　努力や成果の承認と評価

　他人との比較ではなく，個人の努力や成果が認められるとき，子どもは強く動機づけられる。称賛やコメントを与えるときには，この点に留意する必要がある。また，評価においても，他人との比較に基づく評価だけでは動機づけを低下させる。そのような競争的な評価だけを用いると，子どもたちは修得目標ではなく成績だけに目を向ける。そうならないためには，その学習活動の意味を子どもたちが理解している必要がある。学習活動をたんに終えることよりも理解が重要であることをうまく伝えるために，自己評価カードや目標計画シートを利用することができる。

5　学習に集中できる時間

　教室においてはさまざまな時間的制約を受ける。教師は一斉授業で学習活動が終わりきらない時にチャイムが鳴った経験をもっているであろうし，子どもたちはグループ学習でそれぞれの学習スピードが異なるために，待たされたり，急がされたりした経験があるであろう。このような場合，学習への動機づけが低下する。時間割の一部でもよいので，存分に，持続的に課題に取り組める時間を確保することによって，自己効力感を感じさせる学習環境を整えることができる。

6章 学習の認知プロセス

1 記憶のプロセス

　認知心理学の情報処理アプローチでは，人間をコンピュータ，すなわちひとつの情報処理システムにたとえて研究している。見る（知覚），憶える（記憶），考える（思考）などの，人間の知的な機能（認知）をいくつかに区分して，その仕組みやはたらきを明らかにしようとしている。ここでは，このなかの記憶を中心にした研究成果に基づいて，学習のプロセスやその導き方を解説する。

　図6-1は，記憶がどのようなプロセスで行なわれるかをひとつのモデルで表わしたものである。矢印は，情報が入力してから出力されるまでの時間的な流れを示している。記憶は，この図に示しているように，憶える（記銘），蓄える（貯蔵），思い出す（想起）の3段階に分けられ，この順に進行していく。

　記銘においては，外からの情報のうち，注意が向けられたものは，短期記憶に入るが，容量は小さく，情報をくり返すリハーサルを行なわないと，すぐに抜け落ちてしまう。たとえば，電話帳で電話番号を調べてから，プッシュホン

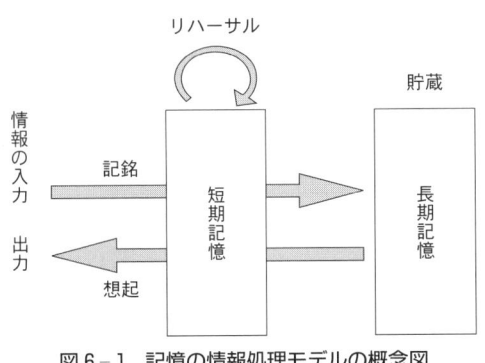

図6-1　記憶の情報処理モデルの概念図

を押して電話をかけ終わると，その番号はもう短期記憶にはないため，思い出せない。一方，自宅の電話番号や，よくかける友人の電話番号は，電話をかけ終わっても思い出せる。これは，長期記憶に情報が移ったためである。長期記憶は，容量は無限で，半永久的に情報を貯蔵するとされる。短期記憶から長期記憶へ情報を移すために，リハーサルをくり返す（維持リハーサル）ことや，くふうしたリハーサルを行なう（精緻化リハーサル）ことが必要である。

　想起においては，長期記憶から短期記憶へ情報を一時的に呼び出すことが必要である。その呼び出しの方法には，情報そのものを生成しなければならない再生法（例：「次の空欄を埋めなさい」という問題）と，提示されている情報と照合するだけの再認法（例：「次の選択肢から最適なものを選びなさい」という問題」）とがある。一方忘却は，長期記憶から特定の情報を呼び出す際に，適切な手がかりがないなど，なんらかの問題があるため生じる想起の失敗とみなされ，長期記憶に入った情報が失われたわけではないと考えられている。

　次に短期記憶の特徴をみてみよう。一時的に短時間だけ憶えている記憶を短期記憶というが，短期記憶はその容量が制限されている。正しい順序で憶えることができる記憶範囲は，7 ± 2 であり，憶える材料が異なってもほとんど変わらないことが知られている。さらに，いくつかの憶える材料を，意味のあるまとまり（チャンク）やすでに知っている知識に置き換えることができれば，一度にたくさんの情報を憶えることができる。

　また短期記憶は，作業記憶ともよばれる。受動的な貯蔵の機能だけではなく，入力情報と長期記憶から呼び出した情報とを照合しながら，能動的な処理を行なうため，意識的に情報を利用する作業台のようなはたらきをするので，これを作業記憶とよぶ。たとえば，2桁の数字の暗算では，1の位の繰り上がりを憶えながら10の位の計算をしなければならないし，文章読解では，文脈をふまえたうえで文の意味を理解しなければならない。ここで繰り上がりを憶えたり，文脈を記憶しているのは，作業記憶のはたらきである。

　では，長期記憶はどのようなものだろうか。比較的長時間にわたって，時には半永久的に残っている記憶を長期記憶という。長期記憶に貯蔵される情報は，

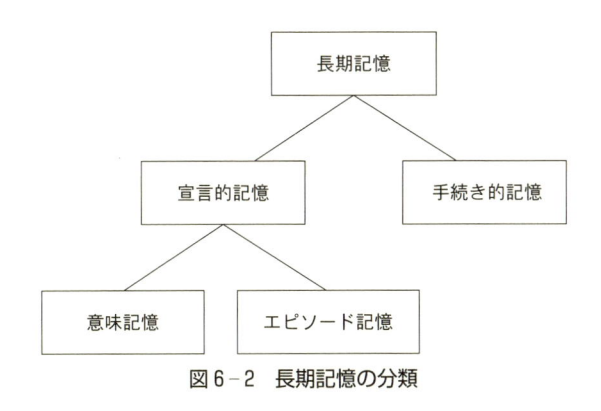

```
              長期記憶
             /      \
        宣言的記憶    手続き的記憶
        /     \
    意味記憶  エピソード記憶
```

図6-2 長期記憶の分類

通常知識とよばれ，事実についての宣言的記憶と技能についての手続き的記憶とに分類される（図6-2）。宣言的記憶とは，事実や出来事についての記憶のことであり，Whatについての記憶である。宣言的記憶は，さらに意味記憶とエピソード記憶とに分類される（図6-2）。意味記憶とは，一般的な事実や事象についての記憶をいう。言語（例：漢字の読み書き）や規則（例：文法），概念（例：目玉焼きは卵料理である）をさす。一方，エピソード記憶とは，個人的な出来事や体験についての記憶をいい，ある時ある場所で起こった，自分に関する出来事の記憶（例：今日の朝に目玉焼きを食べた）をさす。このような，ことばにできる記憶と区別して，ことばにできない技能や習慣についての記憶のことを手続き的記憶という（例：じょうずに目玉焼きを焼くコツ）。Howについての記憶であり，いわゆる身体が憶えている記憶のことである。

2 精緻化と体制化の方略

記憶や理解を中心にした学習では，情報の処理の仕方や考え方・学び方によってその成果が大きく左右される。このような認知レベルにおける様式を方略というが，次にその代表的なものを解説する。

1 精緻化

精緻化とは，入力された新しい情報に，何か情報を付加したり，相互に関連づけたり，すでにもっている知識に関連づけをしたりして，後から利用しやすい形に変換する処理過程である。言い換えると，入力された情報を記憶しやすいように加工することであるともいえる。この精緻化に関する研究として次の5つのトピックスについて説明しよう。

処理水準：機械的にくり返すリハーサルのような浅い水準の処理よりも，深い水準の処理をするほうが，記憶がより促進されるという説を処理水準説という。すなわち，新情報の記憶はその情報が処理されたときの深さによって決まるとされる。たとえば，図6-3に示す実験では，単語について3種類の質問を行ない，その後で意図せずに憶えていた単語の数を比較した。形態的処理（大文字か，小文字か？），音韻的処理（同じ韻をふんでいるか？），意味的処理（同じ意味か？）の3種類について記憶成績を比較すると，図に示すように，形態よりも音韻，音韻よりも意味の質問の後でよい成績を示した。学習項目の形や大きさなどを聞かれた場合は，その項目は比較的浅い処理しか受けていない。これに対して，より深い意味的な側面について聞かれた場合は，より深い

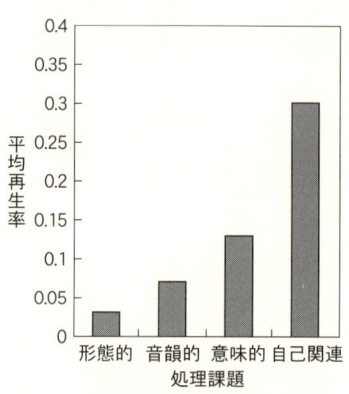

図6-3 処理水準効果および自己関連づけ効果（Rogers et al., 1977より作成）

処理を受けるため，記憶によりよく保持されるのである。

自己関連づけ：学習者が憶えようとする情報を自分や自分に親しい他者に関連づけようとすると，その後の記憶が向上することを，自己関連づけ効果という。図6-3に示したように，自己関連的処理（あなたにあてはまりますか？）は意味的処理よりもさらに成績がよくなっている。自分の知っていることに結びつけたり，自分の過去経験に基づいて考えたり，日常例にあてはめてみるなど，自分に関連づけると憶えやすい。自分に関連する豊富な知識との結びつきが手がかりになるため，記憶しやすく，思い出しやすいのである。

自己生成：学習内容をたんに読むだけよりも，自分でまとめ直したり，新しくつくり出したりするほうが記憶がよいことが知られており，これを生成効果という。自分から気づいたことは教わったことより憶えやすいし，説明を聞くより自分で説明したりすると憶えやすい。学習者が自ら答えを探し生成しながら学習することによって，記憶を助ける多くの手がかりが与えられるためである。

有意味化：学習項目が意味のある知識や概念であれば，無意味なものよりも記憶がすぐれている。そして，無意味なものであっても有意味化することができれば（例：こじつける），すなわち学習内容について新たな意味づけを行なうと憶えやすくなる。たとえば，英単語を憶える際に，日本語と英語と1対1対応で機械的に暗記するよりも，辞書を利用して，詳しい意味や使い方，その文化的背景までも知ろうとするとよりよく憶えることができる。

イメージ化：学習項目が相互に連合するような視覚的イメージを思い浮かべると記憶が向上する。たとえば，新しい英単語"desk"を憶えるときに，机の絵や実物の机と組み合わせて憶え，机をイメージしやすくすることによって記憶が確かになる。

2　体制化

体制化とは，入力された新しい情報を，共通する意味的な関係性（例：カテゴリ関係，連想関係）に基づいて新たに構造化し，整理し体系化することであ

る。具体的には，学習内容を下位の知識に分類したり，上位の概念における位置づけをしたり，他の知識や概念との関連性を見いだしたり，すでにもっている知識に統合するプロセスをいう。言い換えると，学習内容の体系を把握したり，すでに知っていることとの関連を考えたりすることをさす。

　たとえば，理科で生物の分類を学習する際に，魚類・両生類・爬虫類・鳥類・哺乳類の，それぞれの特徴をバラバラに憶えるよりも，進化の系統という関係性で整理することによって，共通する特徴をまとめて理解したり，進化のプロセスでの変化による違いを強調して憶えたりすることができる。あるいは本を読む際に，目次によって全体の構造をとらえて読み進め，部分の知識を取り入れるようにすると，理解しやすい。要点を整理する際に図解したり，まぎらわしいものはまとめて，違いのわかる一覧表を作成したりして整理しながら憶えると理解しやすい。

　精緻化と体制化が同時に行なわれることによって，相乗的な効果が期待できる。精緻化は，学習したい情報に，新たに何かを付加して豊富にすることであり，一方，体制化は，学習したい情報そのものの構造を理解し，整理することである。たとえば，歴史で「フランス革命」を学習する際に，なぜそのようなことが起こったのかなどを考えたり，革命の場面を具体的にイメージして憶えようとするのが精緻化であり，だれが，どの時代に行なったことなのか，ということに着目して分類したりして情報を整理して憶えるのが体制化である。

　両者の共通点は，学習したい情報とすでにもっている知識とを相互に関連づけ，知識のネットワーク化をうながすことであり，情報を安定化し，また利用しやすくしていることである。フランス革命に関しても，たとえば『ベルサイユのバラ』を読んだことがあって，なんらかの知識をもっていれば，それらと関連づけることで憶えやすくなるし，そのイメージも生成しやすい。同時に体制化を行なう際にも，時代背景に関する知識に基づいて分類がなされる。

3 効果的な学習法

精緻化や体制化以外の方略には,どのようなものがあるのだろうか。記憶研究で知られている諸現象の仕組みを知れば,さまざまな方略を自分でくふうをして効果的な学習に生かすことができる。

1 憶え方のくふう

系列位置効果：記憶対象はそれが提示される位置や順位によって影響を受けやすい。図6-4に示すように,学習リストの何番めに出てきた単語がどの程度思い出されたかをグラフにする(横軸にリストの位置を,縦軸に記憶成績を示す)と,U字型に近い曲線になることが多い。すなわち,リストの前の部分とリストの後の部分で記憶成績が高くなり,これらを順に,初頭性効果,新近性効果という。これらをまとめて系列位置効果とよばれるが,このことから得られる示唆は初めか最後に憶えるとか,中間の位置にある内容についてはくふうして目立ちやすくするという方略の有効性である。

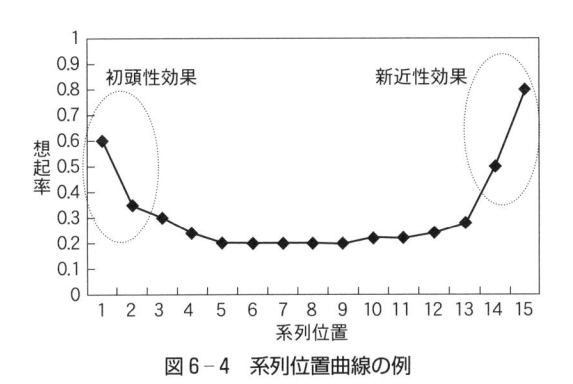

図6-4 系列位置曲線の例

分散効果：記憶成績は,学習の時間的な配分の仕方によって異なる。集中法は,学習時間を集中させ,連続的に学習を続けて行なう方法である。分散法は休憩をはさみながら間隔をおいて断続的に学習を行なう方法である。一般に,

分散法のほうが集中法よりも成績がよいようであり，これを分散効果という。課題の性質や分散の仕方，休憩時間の長さ，学習者の取り組み方などにより，分散法による学習の効果は異なるので，条件にあった方略をくふうするのがよい。

反復効果：練習をくり返していると学習量が増加するのが一般的傾向であり，これを反復効果という。しかしそのなかにそのような増加がみられなくなり，平坦な学習曲線を示すことがあり，これを高原現象（プラトー）という。

睡眠の効果：図6-5は，学習後の睡眠の有無による記憶成績の違いを表わしており，10個の無意味綴りを学習した後すぐに睡眠をとる条件は，ずっと起きて日常生活をする覚醒条件よりも，忘却が少ないことを示している。学習後に行なった活動や経験は記憶を妨げるが，眠っていれば妨害は最小限になることがわかる。

眠ることで記憶を妨害しないようにするだけではなく，近年の脳研究からは，眠ることそのものが記憶をよくするために必要であると考えられている。睡眠中には，脳の眠り（ノンレム睡眠）と身体の眠り（レム睡眠）とが交互に現われ，ワンセットで一晩に4回から5回続く。最近，脳の一部が活発にはたらいている眠り，つまりレム睡眠が，眠る前に憶えたことの記憶を完全なものにするために必要であるということがわかってきた。睡眠中に脳のなかで学習が行なわれているという意味で，睡眠学習がなされているといえる。

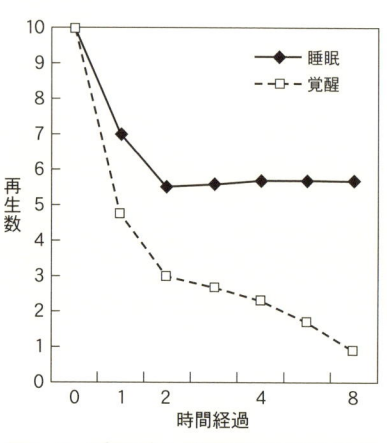

図6-5 睡眠時と覚醒時の保持曲線
（Jenkins & Dallenbach, 1924より作成）

2　メタ認知の獲得と指導

どんなときにどんな学習方略を使うのが最適かの判断が，自分でできなければならない。このような自ら行なう方略の選択やそれに必要な知識をメタ認知

表6-1　メタ認知の2つの機能（三宮，1996）

モニタリング	気づき	「ここで理解できていない」
	感覚	「なんとなくわかっている」
	予測	「この問題なら簡単に解けそうだ」
	点検	「この考え方でいいのか」
コントロール	目標設定	「完璧に理解しよう」
	計画	「簡単なところから始めよう」
	修正	「この考え方ではだめだから，別の考え方をしてみよう」

という。メタ認知には，自分の情報処理活動をモニタリングするはたらきと，コントロールするはたらきの，2つの機能がある（表6-1）。これら2つを学習者が自由に生かせるようにすることによって学習効率を向上させることができる。

　モニタリングとコントロールは密接に関連してはたらく。すなわち，モニタリングした結果に基づいてコントロールを行ない，コントロールの結果をまたモニタリングし，さらに必要なコントロールを行なう……といった具合に，両者は循環的にはたらくと考えられる。

　自分の学習について，メタ認知が自然にはたらくようないくつものくふうが考えられる。授業においても，メタ認知それ自体をより強化する教育が必要である。メタ認知がなぜ重要なのかを説明し，時にはメタ認知を自発的に使うという方略（自己調整学習方略）を子どもたちに意図的に練習させ，技能として定着させる必要がある。

　また，メタ認知はいつも正しく行なわれるとは限らない。たとえば，自分の認知状態を正しく把握できていない場合や，認知の目標設定が不適切な場合など，モニタリングやコントロールに失敗することがある。そこで，メタ認知を正しく行なうためには，自分の認知活動について他者にモニタリングしてもらい，評価やアドバイスを積極的に受け取ることが大きな助けとなる。

　認知カウンセリングという個別的な指導法では，わからなくて困っているという学習場面における認知的問題をかかえた学習者に，個別的な相談や指導などを行ない，解決のための援助を与えている。そこで用いられている基本的な

表6-2 認知カウンセリングの相談・指導における基本的な技法（市川, 1993）

自己診断	どこが，なぜわからないのか，表現させる
仮想的教示	ある概念や方法を，他の人に教えるつもりで表現させる
診断的質問	どこまで分かっているかを試すための質問を用意する
比喩的説明	概念の本質を比喩（アナロジー）で説明する
図式的説明	概念間の関係を整理して図式で説明する
教訓帰納	なぜ解けなかったのか，教訓を抽出させる

技法を表6-2に示している。このように，学習方法をわかりやすく教えるだけではなく，学習とはどのようにして成立するのかという学習の仕組みに関する考え方（学習観）や，学習は何のためにするのかという学習の動機や目的に関する考え方（学習動機）を，学習者自身に見つめ直して検討させるなど，学習者の自立をうながすメタ認知の育成をめざした相談や指導を行なっていることが特徴である。

●コラム④●問題解決のプロセス●

　与えられた問題のある状況（初期状態）から解決したとみなされる最終の状況（目標状態）へと変えていく知的な心のはたらきが問題解決である。たとえば，次の問題では，全員が左岸にいる状態（初期状態）から全員が右岸に移った状態（目標状態）へ順次変えていくために，往復の船にだれを乗せて移動すればよいかを考えるのが解決プロセスである。教科学習の場合は，このプロセスのほかに，問題そのものを発見するプロセスや解決を評価するプロセスも含まれる。

（問題）下図のように，川の左岸に3人の人喰い人種と3人の宣教師がいます。船を用いて全員が右岸へ渡りたいのですが，船には最大2人しか乗れませんし，一方の岸において人喰い人種の数が宣教師の数を上回ってはなりません。ただし，だれかが船に乗っていなければこの船は動きません。この場合，彼らが最小の回数で全員無事に川を渡るためにはどのように移動する必要があるでしょうか。

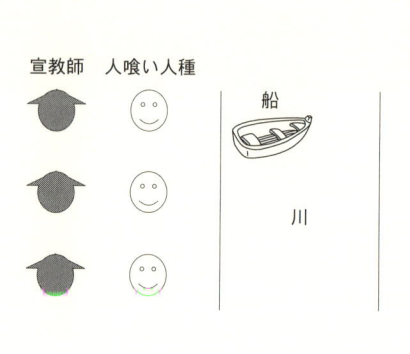

7章　個人差に応じる指導

1　適性処遇交互作用

　基本的な学習の仕組みは共通していても，学び方は知能や興味・関心によって大きく影響される。さらに，学び方が違えば，その結果，学習の量や質に違いが出てくるだろう。このように考えると，子どもたちのさまざまな個人差は，学習がどのように進むのかを規定する重要な要因だと考えられる。このことはまた，子どもの心的特性の違いに応じてふさわしい学び方や教え方があるはずだということを意味し，心的特性の個人差に応じていろいろな教え方や学ばせ方を用意しなければ子どもたちの可能性を十分に引き出すことはできないということになる。

　クロンバック（Cronbach, L. J.）は，人の心的特性における個人差と教え方・学ばせ方の間に想定されるこのような関係を，適性処遇交互作用（aptitude-treatment interaction：ATI）とよんだ。適性とは，学習の前提条件のうち，知能や技能，性格や興味・関心，認知や学習のスタイルのような子どもの側に存在する特性を表わすことばであり，処遇とはそうした適性の違いに応じて変えられる教え方や学ばせ方を表わすことばである。また交互作用とは，実験計画法での用語で，ある要因（この場合は処遇）の効果が別の要因（この場合は適性）の影響によって変化することをさしている。

　図7-1に適性処遇交互作用の2つのタイプを示した。Iは適性の違いにかかわらず2種類の処遇の効果が一貫しているものの，処遇間での効果の差が学習者の適性の違いによってより顕著に現われるケースである。これに対してIIは2種類の処遇の効果が学習者の適性の違いによって逆転するケースを示している。これは，ある教え方や学び方（処遇）が特定の心的条件（適性）をもっ

第Ⅱ部　学習のプロセスと指導

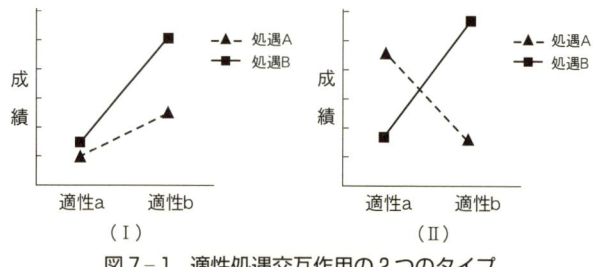

図7-1　適性処遇交互作用の2つのタイプ

た子どもに対してだけ効果をもち，異なる心的条件をもつ子どもにとっては別の教え方や学び方がより有効であることを示すものである。

　適性処遇交互作用の代表的な研究のひとつにスノーら（Snow et al., 1965）によるものがある。これは初等物理を受講している大学生を実験の参加者にしたものであり，適性として対人積極性を取り上げ，処遇として映像による授業と講義形式の授業を取り上げた。大学生は2つのグループに分けられ，各グループは2つの授業方法のいずれかで14回の授業を受けた。各授業の最後には小テストが実施され，その合計点で各授業方法の優劣が比較された。その結果，2グループの平均点にはほとんど差がなく，このことは映像による授業と講義による授業の間でその効果に違いがないことを示しているように思われた。ところが各グループの学生を対人積極性で分け，それによって両グループの成績を整理し直してみたところ，対人積極性の高い学生では講義による授業での成績がすぐれ，他方，対人積極性の低い学生では映像による授業での成績がよかったことが示された（図7-2）。

　適性処遇交互作用は，主として処遇を子どもの適性に合わせようという処遇適合的視点から述べられることが多い。これに対して北尾（1991）は，適性処遇交互作用を適性形成的視点からとらえてみることも大事だと指摘している。適性形

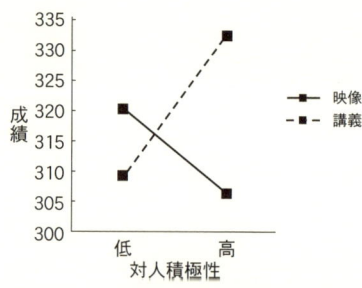

図7-2　対人積極性を考慮した場合の成績の違い（Snow et al., 1965より作成）

成的視点とは，ある処遇が十分な効果をもたなかった場合，ただちに別の処遇を求めるのではなく，いかなる適性の欠如がその原因なのかを明らかにし，その欠けている適性を子どもの側に育てることが重要だとする視点である。たしかに，がまん強さ，社会性の欠如などが原因で十分な教育的効果が上がらない場合，それに合わせて処遇をくふうすることも大事だが，他方では，それらの適性を育てていくこともまた重要であろう。適性形成的視点がいたずらに子どもに迎合した教育につながらないためにも，これは見落としてはならない視点だと思われる。

２ 学習到達度の個人差

1 学習到達度の実態

　学校での授業はそれまでに教えた内容がしっかり定着していることを前提として行なわれることが多いが，じつはその前提が必ずしも満たされているわけではないことは多くの教師が漠然と感じていることであろう。そうした直感を裏づけるもののひとつに天野らの調査結果がある（天野・黒須，1992）。これは1982年に国立教育研究所の研究グループによって関東圏の公立小学校30校に在籍する１年生から６年生までの約5300人を対象に行なわれた国語と算数の学習到達度に関する調査に基づくものである。調査のために学力到達テストが用意されたが，これは各学年での基本的な学習事項でしかも実際に学んだものが学年ごとに選択された。子どもは問題用紙に印刷された順番に第１学年の問題から答えはじめ，自分の学年の問題まで解き，さらに上級学年の問題でまだ学習していないものであってもわかる限り答えてみるように指示された。図７-３はそのうち国語の得点分布を示したものである。これを見ると，得点分布の広がりが学年を追うごとに大きくなっていること，１年上の学年の平均点を上回る者（学習促進者）もいるが，同時に１年下の学年の平均点を下回る者（学習遅滞者）もかなりおり，しかも後者の割合は学年を追ってふえる傾向があることがわかる。これらは前の学年で学んでおくべきことが必ずしも十分定着して

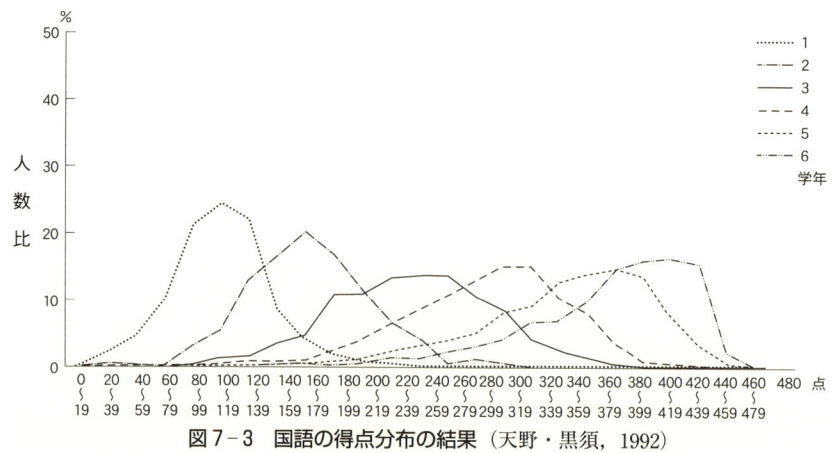

図7-3 国語の得点分布の結果（天野・黒須, 1992）

おらず，それが低学力の一因になっていることを示している。

　苅谷ら（苅谷・志水, 2004）は, 2002年に関東圏の公立小学校17校に在籍する約6200人の児童に対して，天野らが行なったのとほぼ同じ学力調査を実施した。これは同じ内容の学力調査をちょうど20年おいて実施することで，この間の学力低下の有無やその原因を明らかにしようとするものであった。その結果，国語，算数ともに明らかな学力の低下がこの20年間に認められた。また，学力の分極化（高学力児と低学力児の2つのグループに分かれること）は小学校高学年で進むことを明らかにしている。

2　習熟度別指導

　このように，そもそも1年生の段階で学習到達度に差が生まれ，しかも学年進行とともにそれが拡大していくとすれば，わが国での主要な指導法である一斉指導というやり方は，はじめから落ちこぼしの出ることを織り込み済みだと批判されても仕方がないだろう。こうした批判にこたえるために，子どもを学習到達度の違いに応じた適当な規模のグループに分けて指導するという方式がある。いわゆる習熟度別学習とか到達度別学習とかよばれるもので，図7-4はこの指導法の基本的な流れを示したものである。ここに示されたように，とりあえず一斉指導による学習指導から始め，途中で行なわれる形成的評価での

判定結果に応じていくつかのグループやコースに子どもを分けて指導するやり方や，学習指導に先立って行なわれる診断的評価の結果に基づき，初めから異なる複数のグループをつくるやり方などが考えられる。前者は次に紹介する完全習得学習（Mastery Learning）の一類型ともいえる。

習熟度別学習による指導は，時として子どもの間に差別感を生む可能性もあるのでいくつかの配慮が重要となる。なか

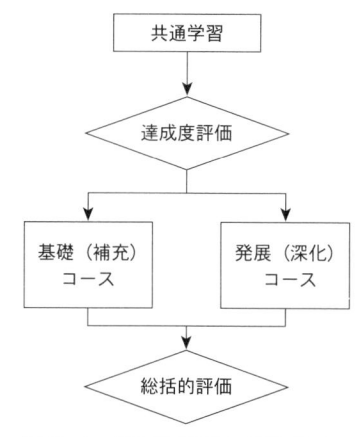

図7-4　習熟度別学習の概念図（北尾，1991）

でも，グループの選択は学習到達度の自己評価に基づいて子どもと教師が相談して決める，グループが長期間固定化されることがないように時どき組み替える，課題は同じにして指導の仕方だけを変えるなどは大切なポイントである。

3　完全習得学習

習熟度別指導と考え方が同じであり，むしろその源流とみられる学習指導法として完全習得学習がある。完全習得学習はブルーム（Bloom, 1971）が提案した学習指導の方法で，学習指導の途中でたびたび行なわれる形成的評価をとおして個々の子どもの学習到達度をきめ細かく把握し，それに応じた指導を行なうことによって学習の完全な定着を実現しようというものである。

完全習得学習は一般に次のような段階をふんで展開される。①各単元での主要な目標群を明確化し，すべての子どもが習得すべきマスタリー水準（最低到達水準）を記述する。②主要な目標群を構成する各目標をより小さい下位目標の集合に分割する。③それぞれの下位目標を達成するのに最適な教材や教え方を子どもの適性を考慮しつつ選択する。④一定の教授活動の後，一人ひとりの目標の達成度を形成的テストによって診断する。⑤形成的テストの結果に基づき一人ひとりのつまずきを特定する。⑥十分目標達成できている場合（一般に

80%以上を目安とする）には，子どもにそれをフィードバックし学習を強化する。⑦つまずきがある子どもにはそれを克服するための補充的・治療的指導を行なう。⑧事前に設定された最低到達水準に達しない限り次の目標には進ませない。

　このような手続きで行なわれる完全習得学習は，従来型の授業に比べて子どもの学習成績はもちろん，その学習態度もよくする傾向があるといわれている（Guskey & Pigott, 1988）。

3 認知スタイルと興味・関心の個人差

1　認知スタイル

　学習適性のうちで質的な違いとして把握できるもののひとつに認知スタイルがある。辰野ら（1972）は認知スタイルを，①情報受容の仕方，②情報処理の仕方，③認知の好み，④認知の速さの4つに分類できるとした。

　場独立型—場依存型は，このうち①のタイプにあたる認知スタイルである。場依存型とは，対象をひとまとまりのパターンとしてとらえ，そこから一部だけを焦点化して取り出すのが不得意というタイプで，周囲の文脈から影響されやすい特徴をもつ人のことである。他方，場独立型とは，対象をいくつかの部分に分けてとらえることができ，それぞれをその構成要素に従って分析的に把握できる人のことで，場依存型とは逆に文脈からの影響を受けにくいという特徴をもつ。

　もうひとつのよく知られた認知スタイルは，熟慮型—衝動型である。これは上述の④，つまり認知の速さに関するもので，衝動型は判断に要する時間は短いが誤答が多く，熟慮型は答える前によく考えるので判断に要する時間は長いが誤答は少ないというものである。この熟慮型—衝動型の違いが学習成績を予測することを示した研究に東（1989）のものがある。彼の研究グループは，日米の子どもたちを対象として，彼らが5歳の時の熟慮型—衝動型認知スタイルを調べてみた。用いられたのは図7-5に示したようなMFF（Matching

7章　個人差に応じる指導

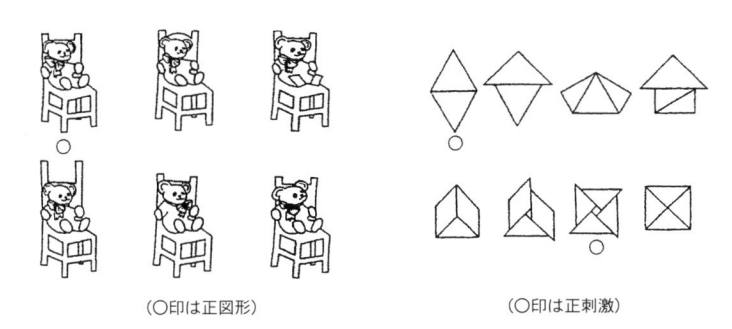

（○印は正図形）　　　　　　　　（○印は正刺激）

図7-5　MFFテストとTVMテスト（東，1989）

Familiar Figures）テストとTVM（Tactual Visual Matching）テストであった。いずれも1個の標的刺激と同じものを，図に示された複数の比較刺激のなかから探し出すというものであった。MFFテストでは標的刺激は視覚的に提示されたが，TVMテストでは図7-6のように標的刺激は箱のなかで提示されるので直接見ることはできず，さわって調べることができるだけであった。いずれのテストにおいても熟慮的であるほど成績は高

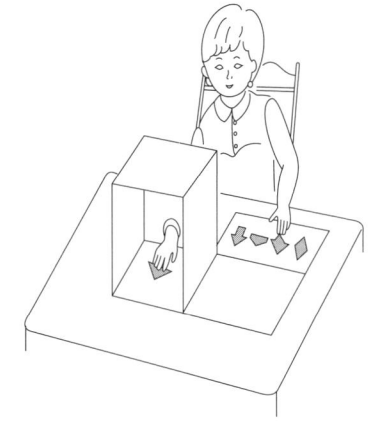

図7-6　TVMテスト実施時のようす
（東，1989）

くなるようになっていた。その後，この認知スタイルの成績と彼らが小学校5，6年生になった時の国語と算数の成績とが比較された。その結果，熟慮型だった子どものその後の学業成績が高かった。また，日本の子どもではMFFテストでの成績とその後の学業成績との相関が高く，アメリカの子どもではTVMテストでの成績とその後の学業成績との相関が高かった。これは日米の教育における指導法の違いを反映しているのではないかと東（1989）は述べている。MFFテストで高い成績をあげるのに必要とされるのは，がまん強さや集中力であった。これに対しTVMテストは，がまん強さや集中力よりも想像力やチャレンジ精神をより必要とする課題だといえる。日本の学校教育では，辛抱強

くこつこつと取り組むことが評価されることが多いのに対して，アメリカの学校では独立性や創造性が重視され評価される傾向がある。こうした両国の学校教育における価値観の違いがこのような結果に結びついたと考えられる。

2 興味・関心の個人差と課題選択学習

認知スタイルは認知面に着目したときの質的適性の違いを表わすものであったが，情意面からみた質的違いといえば，興味や関心の違いをあげることができる。これらは内発的な動機づけの原動力ともいえるものなので，子どもの自発的・主体的な学習活動を期待する場合，この興味・関心をどのように指導方法に反映できるのかが重要な鍵となる。興味・関心における個人差を学習指導に生かす方策として，授業に課題選択学習を取り入れることが考えられる。これは，教師が用意した複数の課題のなかから子どもが選択した課題を個人またはグループで学習するというものである。図7-7に示すように，学級で同じ課題を共通に学習した後で，子どもの興味・関心に応じて課題を選んで学習する方式である。同じ課題を選んだ者がグループを組むこともあるが，時には個人ごとに学習することもある。この学習方式で学ぶとグループや個人によって学力に違いがでるおそれがある。そのため，必ず単元の終わりの段階で発表や討論の時間を設け，自分が調べたことだけでなく，他のグループの学習についても知ることができるような配慮が重要となる。課題選択学習は興味・関心の個人差だけでなく，認知スタイルの個人差に応じる方法として実施されることもある。

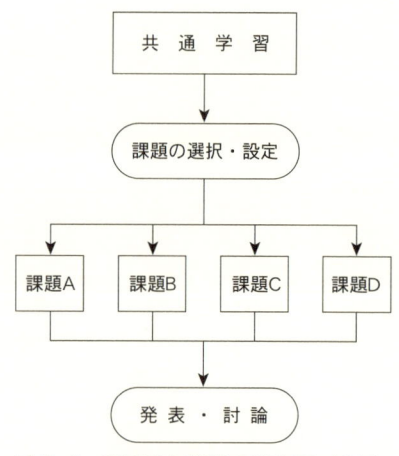

図7-7 課題選択学習の概念図（北尾, 1991）

8章　授業のタイプと技術

1　指導法による授業の分類

1　分類の次元

　林（2006）は授業の多様性を整理するための手がかりとして表8-1のような枠組みを提案している。そこでは，授業を分類整理するための視点として，課題設定の仕方，授業の進め方，グルーピングの規模，コミュニケーションのあり方といった4つの次元が想定されている。課題設定の仕方とは，学習課題が学習者すべてに画一的に設定されるのか個別に設定されるのかに関するものである。授業の進め方とは，授業が教師主導で進むのか子ども主導で進むのかに関するものである。グルーピングの規模とは，授業が集団で行なわれるのか個人で行なわれるのかに関するものである。わが国では1学級の規模が最大40人までなので，この数を上限に最低は1人ということになる。最後のコミュニケーションのあり方とは，授業中に行なわれるコミュニケーションが教師と子どもとの間だけで行なわれる閉鎖的なものなのか，それとも子どもどうしのコミュニケーションまで含む開放的なものなのかに関するものである。

　こうした観点から伝統的な一斉画一式の授業をみてみると，課題設定の仕方は画一的，授業の進め方は教師主導的，グルーピングの規模は許される最大のもの，コミュニケーションは閉鎖的という性格をもつ授業形態だということが

表8-1　授業を整理する視点（林，2006より作成）

分類の次元	値		
課題設定の仕方	画一的	vs.	個別的
授業の進め方	教師主導	vs.	生徒主導
グルーピングの規模	最大	vs.	最小
コミュニケーションのあり方	閉鎖的	vs.	開放的

わかる。したがって、各次元の値がこれとは対極的な授業を考えれば、学習の個別的な最適化の実現に少しでも近づきうる授業形態になるはずである。たとえば7章で取り上げた完全習得学習や習熟度別学習を考えると、課題設定の仕方は授業の途中からは個別的で、それらの課題に応じグルーピングの規模もより小規模化されることをとおして個人差に応じようとしていたことがわかる。また興味や関心の違いのような質的な適性の違いに応じる授業として取り上げた課題選択学習は、課題設定のあり方やグルーピングの規模に加え、授業の進め方が生徒主導になっている点でも一斉画一授業とは異なっており、完全習得学習や習熟度別学習よりもさらに学習の個別的な最適化の程度が高いものとなっていることがわかる。

2　小集団学習を活用した授業

一斉画一的な授業の問題点のひとつに、コミュニケーションが子どもと教師間だけの閉鎖的なものであるため、集団で学ぶことの潜在的な利点である子ども相互のやりとりの機会が失われていることがあげられる。そこでこうした子ども相互のやりとりを学習指導に生かすため授業形態をくふうすることも考えられる。そうした試みのひとつに、バズ学習やジグソー学習を利用した授業があげられる。これらの学習方法を利用した授業では、子どもどうしでのコミュニケーションを円滑にするため、学習集団の規模をクラス全体から5，6人程度の小集団にするくふうがなされる。クラス全体を前にしたのでは話しにくいという子どもも、こうすることで比較的コミュニケーションの場に入りやすくなるのである。また小集団を構成する際に、適性面で似通った子どもどうしをいっしょにすることによっても学習課題への取り組みの程度にみられるばらつきを小さくでき、コミュニケーションを円滑化することができる。

バズ学習は、塩田（1979,1989）が提唱したものであり、この学習を利用した授業は一般に次のような順番で進められる。まず、教師からクラスの全員に学習課題が提示され、子どもは最初各自でそれに取り組んでみる。その後、5,6人からなる小集団が形成され、そのなかで各自が考えたことを発表し相互に

意見を交わす機会をもつ。その際，子どもどうしができるだけ助け合うことが奨励される。続いて教師の司会によるクラス全体での討議が行なわれ，最後に教師がそれを整理しまとめを行なう。それを受けて再度小集団ごとに確認のための話し合いが行なわれる（図8-1）。このように一連の手続きは，子どもどうしのコミュニケーションを活発化し，自分とは異なる見方や考え方にふれる機会を子どもに提供することになる。その結果，子どもそれぞれにおいて学習内容が精緻化され，深い理解がもたらされるというように，個別に最適化された学習が可能になると期待される。

小集団内での異質なものどうしでのコミュニケーションを活性化し，学習の個別的な最適化を図ろうとする別の試みに，ジグソー学習を利用した授業がある。この授業でも，小集団がつくられ，そこでの子どもどうしの相互のやりとりをとおして学習の精緻化や深化がめざされるという点はバズ学習を利用した授業と似ているが，さらに他人に教えるというプロセスを加えることによって学習の定着をより確かなものにしようとしている点で異なっている。

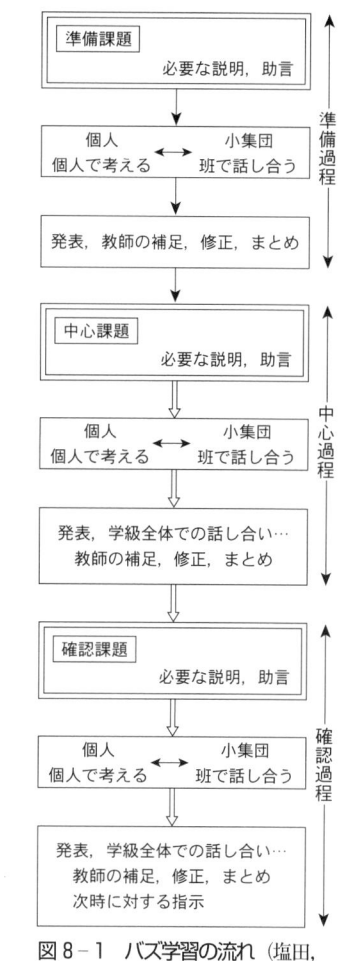

図8-1 バズ学習の流れ（塩田, 1979）

ジグソー学習は，アロンソンら（Aronson et al., 1978）によって提唱されたものであり，次のような手順で展開される。まず教師から同一のテーマでいくつかに分割できる学習課題（元課題）が生徒たちに提示され，一斉学習による導入が行なわれる。次に能力の異なる5, 6人の成員からなる小集団（JG；ジ

第Ⅱ部　学習のプロセスと指導

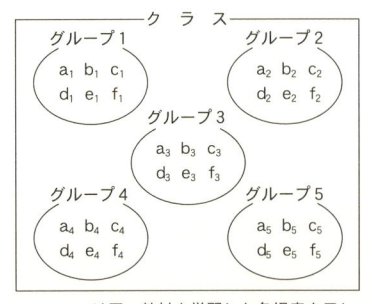

$a_1, a_2, a_3\cdots$は同一教材を学習した各児童を示し，
$a_1, b_1, c_1\cdots$は異なる教材を学習した各児童を表わす

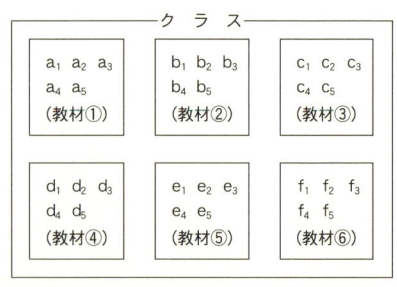

図 8-2　ジグソー学習の例（蘭，1983）

グソー・グループ）が構成され，そこで元課題の学習が行なわれる。次にそれぞれの小集団から1人ずつが集まり5，6人の別の小集団（CG；カウンター・パート・グループ）がつくられ，CGの数にあわせて分割された元課題の一部を学習する。その際，子どもは，ここで学習したことを元のJGに戻って他の成員に教えなければならないので一生懸命学習するようにといわれる。CGでの学習が終了後，元のJGに戻りCGで学んだことを相互に教え合う。このことをとおしてすべての成員が元課題の学習を確かなものにすることができる。図8-2は，ジグソー学習の有効性を検討した蘭（1983）の研究でのグループ構成を図示したものである。そこでは小学校4，5，6年生を対象として，社会と国語について一学期間にわたって週に3，4回の割合でジグソー学習による授業を受ける群と一斉学習による授業を受ける群とが比較された。その結果，ジグソー学習で授業を受けた子どもの成績が一斉学習による授業を受けた子どもの成績よりもよかったことが示された。

2　学習過程による授業の分類

1　発見学習と仮説実験授業

　ブルーナー（Bruner, 1961, 1990）によれば，子どもたちに深い理解をもたらすための最もよい方法は，子ども自らの発見によって学習を進めることであ

り，彼はこれを発見学習とよんだ。発見過程にともなう，疑問，驚き，当惑といった認知的葛藤が子どもを学習に強く動機づけ，知識の定着をより深いものにすると考えたのである。発見学習は，一般に次の5つの段階，すなわち，問題の把握，仮説の構成，仮説の精錬，仮説の検証，仮説の一般化と応用の段階をふんで進められる。こうした手順をふむことは，知識の定着を確かなものにすると同時に，知識を体制化し一般化する能力も身につけさせることができると期待される。

　発見学習は学習者自身の自発的な活動にまかせる学習方法なので，教師からの介入がないままだと学習成立までに時間がかかり過ぎ，学習の進む方向が予測できにくいといった難点がある。そこで実際の教室場面では，問題発見や仮説構成のために教師による言語的なヒントが与えられるなどのくふうが必要となる。これは「純粋な発見学習」に対して「導かれた発見学習」とよばれるものである。発見学習の有効性を報告した研究は多いが，たとえばマイルズ（Miles, 1997）は，教師主導型の授業と発見学習に基づく授業を比較し，発見学習による授業が子どもの興味や関心の維持や向上により有効であったとしている。

　発見学習の考え方をベースに，そこにクラス全体での生徒どうしの自由な討論を組み合わせたのが板倉（1974）による仮説実験授業である。図8-3は，

問題2．この木ぎれ（角材）はよくカンナがかけてあって，すべすべになっています。これをやはり平らな板の面にのせて，横にひっぱって動かすことにします。どのくらいの力がいると思いますか。この木ぎれの重さは〔200〕gです。
〈予想〉　この木にはたらく地球の引力とくらべて，ア，同じくらいの力で動く。イ，それより大きな力で動く。ウ，それより小さな力で動く。……どうしてそう思いますか。みんなの考えを出し合って討論しましょう。

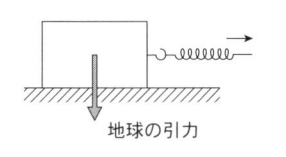

図8-3　仮説実験授業の教材例（庄司，2000）

この仮説実験授業での教材例を示したものである。このように巧みな学習教材によって生徒が認知的葛藤を起こしやすい状況がくふうされているため，仮説実験授業は，発見学習以上に子どもの興味関心を呼び起こしやすいものとなっている。

2　有意味受容学習を導く授業

学習における知識の有意味化の手段として発見だけを重視するのは，実際の教育場面を考えると現実的ではないと主張するのがオースベル（Ausubel, 1963, 1977）である。彼は学習方法を暗記的か有意味的かの次元と，発見的か受容的かの二次元で分類できると考えた（図8-4）。オースベルによれば，学習において重要なのは獲得された新しい知識が学習者の既存知識によく適合し，関連づけられていることであり，これが実現されている場合その学習は有意味学習とよぶことができる。したがって，よい学習方法とはこの有意味学習を実現できる方法だといえる。

では，その有意味化を実現するためのよい方法とは何だろうか。これは2つめの次元にかかわるものであり，ブルーナーは発見の役割を重視したが，オースベルはそれとは対極にある受容を重視した。彼によれば，受容もそのやり方をくふうすれば十分知識の有意味化を実現できるというのである。前述のように，純粋な発見的方法はかなり時間がかかるもので，時間的に制約された教育現場では実際にはなかなか用いにくいものである。したがってもし知識が完成された形で子どもに受容されるとすれば，それはきわめて現実的な方法となるはずである。

そこでオースベルは，これを実現するための具体的な手だてとし

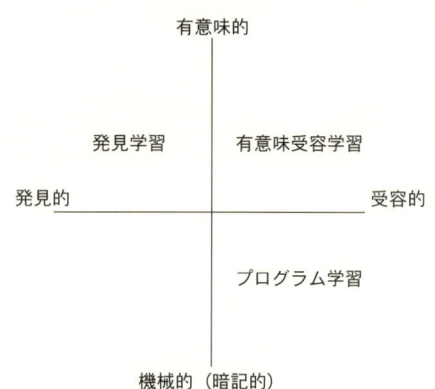

図8-4　学習方法についてのオースベルの分類

て先行オーガナイザーの使用を提案した。これは，端的にいえば，新しいなじみのない知識の受け皿づくりをするものと考えればよい。先行オーガナイザーには2種類のタイプが提案されている。1つは，説明オーガナイザーとよばれるもので，新しい知識を包含するための大枠となるような知識を既存知識のなかから選び出し，活性化する役割をもつものである。もう1つは，比較オーガナイザーとよばれるもので，既存知識のなかで類似の知識を呼び起こすことで新しい知識が受け入れやすくなることをねらうものである。これらを適切に使用することによって，受容的なやり方でも学習内容の有意味化が十分達成され，深い理解と堅固な学習の定着が可能だというのがオースベルの考え方であった。オースベルは，先行オーガナイザーを活用したこのような有意味学習のことを，有意味受容学習とよんでいる。

多鹿と川上（1988）は，小学校5年生の理科における「花のつくり」の学習を材料にして有意味受容学習の効果を実証している。子どもは2群に分けられ，実験群の子どもには説明的先行オーガナイザーを用いた5分間の授業が行なわ

先行オーガナイザ 有群		先行オーガナイザ 無群	
5分	先行オーガナイザ めしべ，おしべ，花びら，がくは中側から順に並んでいる。		
5分	1 ハナダイコンの花の形態（実物観察） ほとんどの花は，めしべ，おしべ，花びら，がくをもっている。	5分	
7分	2 チューリップ（実物観察） めしべ，おしべ，花びら，がくはどれか？ 内側はアブラナの花びら，外側はアブラナのがくと同じもの	7分	
7分	3 タンポポ（実物観察） めしべ，おしべ，花びら，がくはどれか？	7分	
2分	花にはいろいろな種類，形があるが，アブラナやハナダイコンの花を参考にして他の種類の花も見ていけばわかりやすい。	2分	
合計26分		サクラの花びらの一重と八重について	5分
		合計26分	

図8-5　有意味受容学習を用いた授業の例（多鹿・川上，1988）

れ，続いて「花のつくり」に関する通常の授業が21分間行なわれた。他方，統制群の子どもたちに対しては実験群の子どもらと同じ通常の授業が同じ時間だけ行なわれ，先行オーガナイザーは与えられなかった。なお，統制群の子どもには最後に別の花の説明を5分間加え，総学習時間が実験群の子どもと同じになるように調整した。それぞれの授業が終わった後，両群の子どもに対して授業内容の理解に関する直後テストと1週間後の遅延テストが行なわれた。子どもを理科の学力で上位と下位に分けてその結果を分析してみたところ，下位群の成績が直後テスト，遅延テストとも統制群よりも実験群でよいことが示された。これは，オースベルがいうように，先行オーガナイザーが学習の有意味化をうながしたためであると考えられる。

3　プログラム学習とCAI

スキナー（Skinner, 1954）によるプログラム学習では，いっけん複雑にみえる学習であっても，単純な個々の行動を学習者自らの積極的反応としてじょうずに引き出すことさえできれば，だれもがそれを容易に達成できると考えられた。このような学習観に基づいてプログラム教材の開発を方向づけているのが，スモールステップ，積極的反応，即時確認，自己ペース，ヒント後退とよばれる原理である。スモールステップの原理とは，学習課題をできるだけ具体的で単純な下位行動に分割し，それらの下位行動を一つひとつ順番に習得していくことでいつの間にか最終的な目標行動にいたるようにするものである。また積極的反応および即時確認の原理というのは，そうした一つひとつの下位行動の習得は，学習者自身による自発的で積極的な反応と，それに対する間髪を置かぬ強化（フィードバック）の有無によって可能になるというものである。さらにまた自己ペースの原理とは，個々の下位行動習得に必要な時間には個人差がありこれを尊重すべきだというものである。最後のヒント後退の原理とは，下位行動を遂行させるにあたって初めの段階ではヒントを与え，しだいにヒントを少なくして学ばせるようにするというものである。

現実のプログラム教材づくりにおいては，学習課題をいかに単純な下位行動

にまで分解できるか，それらを最終的な目標行動にまでどう配列するのかが大きな鍵となる。後者の配列方法の問題は，コースアウトラインの決定とよばれるものであり，その方法については2つの考え方が提案されている。1つはスキナーによるものであるが，学習途中での誤りができるだけ少なくなることに重点を置き，結果としてだれもが同じ道筋をたどって最終目標にいたるようにしようというのである。これは直線型とよばれる配列方法であるが，これに対してクラウダー（Crowder, 1959）は，むしろ学習途中の誤りを積極的に課題習得に生かすという観点から，人によってたどる道筋を変化させる枝分かれ型とよばれる配列方法を推奨している。プログラム学習は成績の低い子どもにとってとくに有効であるといわれている。

　初期のころのプログラム教材の提示には，ティーチング・マシンと名づけられた簡単な装置が使われていた。しかしその後，コンピュータの発達にともない，教材提示をコンピュータによって行なうようになった。CAI（Computer Assisted Instruction）のひとつの形態をなすものである。CAIにはこのほかに，教師による授業のあとで行なうドリル学習での問題提示や採点をコンピュータに行なわせるドリルと練習タイプのものや，自然現象や実際には体験できないことを模擬的に再現するシミュレーションも含まれる。

3　授業の技術

1　発　問

　北尾と速水（1986）によれば，授業中の教師の発言は，情報提示，指示，発問，KR，確認，励まし・助言，注意の7つに大別される。このうちでとくに重要なのは発問である。発問とは，教師による事前の十分な授業計画に基づいて意図的に発せられる質問のことである。これによって，学習課題を明確にしたり，子どもの意識を課題に方向づけたり，課題への興味・関心を高めたり，さらには学習課題と子どもの既存知識との関連づけ（精緻化）をうながすことで学習内容の理解を深めたりといったことがめざされる。発問に対する子ども

表 8-2 サドカーとサドカーによる発問の分類表 (Sadker & Sadker, 1986より作成)

カテゴリー	期待される思考のタイプ	発問の具体例
知識	学習した知識の再認や再生	定義してみなさい 〜の首都はどこですか？ その文章はどんなことを述べていましたか
理解	変換，再構成，解釈によって教材の理解を示す	自分のことばで説明してごらん 比較してみなさい その主たる考え方は何？ わかったことを述べなさい
応用	単一の答えが出る問題を解くために知識を使う	そこにはどんな原理が示されていますか 面積を求めましょう 〜を解くのに〜の規則をあてはめてみよう
分析	批判的思考，理解や動機の特定 データに基づく推論 証拠によってその結論が支持できるのかを分析	その作品に影響を与えたものは何ですか？ ワシントンが首都に選ばれたのはなぜですか？ 以下のうち事実はどれですか？意見はどれですか？ 実験結果に基づくとその化学物質はなんですか？
総合	拡散的で自分独自の考え方 自分なりの計画，提案，デザイン，物語	これにふさわしい名前をつけるとすれば何がいいですか？ どうすればそのお金を工面できるだろう？ もし南部が勝利していたらアメリカはどうなっていただろうか？
評価	いろいろな考え方の利点を判定する 意見を提案する 基準をあてはめてみる	上院議員のうち一番印象的なのはだれ？ どの絵がよさそうだと思う？　その理由は？ なぜ賛成なの？

からの応答をうまく生かしながら，あらたな発問を投げかけるといったサイクルをくり返し，子どもの学習活動や思考活動が深化されるように心がけなければならない。よい発問であるか否かは，教師自身の事前の十分な教材研究と深い教材解釈力，子どもからの応答を読み取る鋭い力が要求される。よい発問ができるよう，教材解釈力，子どもを見る力を養いたい。

　では，子どもの理解を深める精緻化機能をもつ発問とはどのような発問なのだろうか。それを知るには，発問を認知的な側面からさらに分類してみることが役立つ。表 8-2 はサドカーとサドカー（Sadker & Sadker, 1986）が，ブルームの教育目標分類表のなかの認知領域の目標を手がかりに発問を分類したものである。これをみると発問が，比較的浅い処理によって応答可能なもの（知

識，理解のカテゴリー）からより深い処理をしなければ応答できないもの（分析，総合，評価のカテゴリー）にまで分類できることがわかる。授業が子どもの能動的で活発な思考活動の場となるためには，知識，理解の発問だけではなく，分析，総合，評価のような深い処理をうながす発問も行ない，学習内容を深く理解させることで学ぶことの意義を実感させる必要がある。

2 板　書

　板書は授業での情報伝達手段の最も基本的なもののひとつである。板書とは黒板に文字や絵，図，表などを書くことであるが，北尾と速水（1986）によればこれは大きく分けて2つの機能を果たしていると考えられる。1つは，情報の記録や保存機能である。前項で述べたように授業における発問の意義は大きいが，発問は話しことばを媒介としているため発せられた瞬間に失われてしまうという特性をもっている。その発問がその授業で中心的なものであればあるほど，子どもがその発問を頭のなかでくり返し処理し，思考の活性化につながるようにする手だてが必要になる。そのひとつが板書の記録保存機能を利用することである。教師が発問をすると同時にそれを大きめだつ色で黒板に書くことによって，子どもは発問の字句そのものにとらわれることなくその内容にしっかりと目を向けることができる。板書の2つめの機能は，精緻化を行ない学習内容の有意味化をうながすはたらきである。板書をとおして各人の意見や考え方の共有化が図られ，自分とは異なる意見や考え方に気づき思考が深まるきっかけになる。

　板書をするにあたってどんなことに留意すればよいだろうか。まず1つめにいえるのは，正確さとめだちやすさということである。板書が音声情報に欠けている情報の記録・保存機能を果たすとすれば，これは欠かすことができない点であろう。発問にせよ指示にせよ，大事なことは何なのか，何が伝えられたのかが正確にわかるように板書することが大切である。2つめは，板書が子どもの思考を深化させるための手段であるならば，そこで示される情報は整理され体制化された形で示されることが望ましいということである。情報の体制化

は精緻化と並んで学習内容の有意味化をうながすはたらきをするからである。また学習内容の有意味化が子どもにとっての有意味化であることを考えれば，板書での整理や体系化は子どもの視点やものの見方，とらえ方に沿ったものであることが望ましい。

3 教材づくり

　授業は，教師と子どもと教材という3つの要素からなるものである。よい授業のためには，授業についての教師の高い力量が必要となるが，その力量にはよい教材の選択とその教材を生かすことのできるすぐれた教具をくふうできる力が含まれている。授業のよし悪しは，そこで使用される教材によって大きく左右されることになるからである。よい教材を選ぶ力をもつためには，その教材がよって立つ教科の背景にある学問領域についての深い知識と理解が必要とされる。したがって教師は，当該の教科領域に関連する学問内容について日頃からよく学んでおかねばならない。また教材の選択は，学習者である子どもの実態に即したものでなければならないが，そのためには教師は子どもの発達や個人差に関する深い知識をもっている必要がある。

　教材作成の留意点としてはどのようなことが大切なのだろうか。北尾と速水（1986）を参考に3つのポイントをあげておこう。まず1つめは，視覚的イメージに訴えるものを用いてわかりやすくすることである。授業は主として言語的な媒介手段によって進められるが，同時に非言語的な媒介手段も有力な情報伝達方法であることが知られている。また年齢の低い子どもの場合，思考の道具が非言語的な視覚イメージであったり，動作的イメージであったりする。したがって，とくに低学年の児童向けにこうした手段をうまく使った教材を用意することは有効なのである。最近のコンピュータの進歩により，直接観察が困難なことを比較的簡単に視覚提示できるようになった。先に紹介したCAIのなかのシミュレーションという使い方はそのひとつの例である。あるいは既存のビデオ教材や音声教材をじょうずに利用することも必要であろう。

　2つめは，子どもの実生活での経験をうまく利用した教材をくふうすること

である。学習内容の精緻化が重要であることは再三述べてきた。精緻化とは既存知識との関連づけのことであるが，その際いわれる既存知識は，一般的な意味知識であることが多い。しかし，知識には日常的な出来事に関する知識もあり，このタイプの知識との関連づけも精緻化に有効であることが知られている（林，1987）。日頃の体験が学習を有意味化するための手がかりとなるような教材をくふうすることは，授業への興味関心を高めるうえでも有効なはずである。

3つめは，認知的葛藤を利用する教材を心がけることである。認知的葛藤は深い思考活動を刺激する重要な条件だからである。これらの点に留意しながら，よい教材づくりによってよい授業をめざしたい。

●コラム⑤●学習の転移●

獲得した知識を別の場面や状況で生かすことを学習の転移とよぶ。より広い意味では，先に行なわれた学習がその後に行なわれる別の学習になんらかの影響を及ぼすことをさす。促進的に作用することを正の転移，妨害的に作用することを負の転移という。

学習の転移が生じやすいような条件には，次のようなものがある。まず，同一要素あるいは類似性が知られる（例：英語を学んだおかげでドイツ語を理解しやすい）。次に，先行学習と後の学習にあてはまる一般原理を学習すると転移が生じやすいという，一般化がある（例：外国語を学ぶコツを身につける）。その他，先行学習を十分に学習していないと後の学習に影響しないこと，学習の文脈が異なれば転移が生じにくいことが知られており，これらの学習の転移の条件をふまえた学習指導が望まれる。

現実の世界で生じる複雑な問題場面（しかも実際に遭遇しそうな場面）を，テクノロジーを利用して教室の授業に持ち込む教育実践が進められている。その一例，ジャスパー・プロジェクトでは，現実の出来事をドラマ仕立てにした内容（例：傷ついたワシを救助するために最短移動経路を計算する問題）のVTR教材を視聴した後，子どもたちに問題の解き方を考えさせ，複数の解き方を比較・吟味させて，実際に解かせる（三宅・白水，2003）。与えられた問題が解けるだけが目的ではなく，同じような解き方を何度もくり返し経験させたり，解き方を見直して将来似たような問題を効率よく，そして正確に解くためにどうすればよいかを考えさせるといった過程を通じて，問題解決の応用力を身につけさせることが目的である。このように，学習の転移が自然にはたらくようないくつものくふうが取り入れられているのが特徴である。

第Ⅲ部

生徒の理解と指導・評価

9章 学級の理解と指導

1 学級の人間関係

1 学習の場と生活の場

　学校や学級という組織は，子どもたちの学習の場を提供するために設けられたものである。しかし子どもの側からみると，学習だけでなく，遊びや社会生活の場という受けとめ方もある。友だちと交わり，学級のいろいろな役割を分担し，学校や学級のメンバーとして日々を送るという気持ちのほうが強いかもしれない。

　教師が学級の運営や指導を行なう際，学級には学習の場と生活の場という2つの側面があることを十分に承知しておく必要がある。前者については，Ⅱ部において述べたように，学習指導を効果的に導くためには学級はどうあるべきかを考えることになる。そして，学習環境としての学級のあり方，とりわけ学習の雰囲気づくりに努めるべきである。

　他方，生活の場という後者の側面については，生活指導の立場から一人ひとりの子どもが学校や学級にうまく適応し，いろいろな社会的スキルを獲得して社会の構成員としての人格を形成できるように指導・支援を行なうことが大切である。学校や学級は社会を縮小したモデルであり，そのなかで競争や協同を経験し，自分のよさを自覚すると同時に他者への思いやりや奉仕の精神を身につけていく。

　学習指導と生徒指導は，概念的には区別されるが，実際場面では一体的に進行する教育的はたらきかけである。とくに学級指導においては，たとえばどの子どもにもわかる授業を行なうことは，学力の向上だけでなく，学級のなかでの居場所や所属感をもたせるために重要なことである。また，友人関係を築き，

たがいに助け合うことができるように支援するならば，学校へ通うことが楽しくなり，学習意欲も高まるであろう。したがって，すべての子どもの全人格を視野に入れて学級指導にあたることが大切なことである。

2　人間関係のとらえ方

学級における仲間関係をとらえる方法としてよく知られているのはソシオメトリック・テストである。これは遊びや学習の場面を想定し，子どもたちにだれといっしょに行動したいかをたずね，仲間の名前を書かせるテストである。時にはいっしょに行動したくない人も書かせることがあるが，あとに好ましくない影響が残るので避けたほうがよい。

ソシオメトリック・テストの結果は，縦軸に選択者，横軸に被選択者としての学級のメンバーの名前を書き，だれがだれを選択したかを記入した表に示す。これをソシオマトリックスとよぶが，複数の仲間を選択させた場合は第1順位から順に数字を記入し，また相互に選択した場合はその数に丸印をつけておくと便利である。

まず個人ごとの特徴を知るためには，各メンバーの被選択数や相互選択数によって学級内での社会的・心理的な地位を明らかにする。被選択数や相互選択数の多い子どもは学級の人気者であり，地位が高いとみなされる。他方，だれからも選択されていない子どもは孤立児とよばれ，地位が低いとみられる。また，いっしょに行動したくない子どもを選択させた場合は，この排斥を受けた数が多いとき，その子は排斥児とよばれる。

学級指導において，孤立児や排斥児がみつかった場合には，仲間づくりに教師の指導性を発揮し，どの子どもも学級内で良好な人間関係をもてるように配慮する必要がある。

学級全体の特徴を知るためには，図9-1の（a）に示したようなソシオグラムをまずつくってみるのがよい。だれとだれが良好な関係（選択）になっているかを線で結んだ図であるが，学級のように人数が増えると複雑になり，また学級全体としての特徴もわかりにくい。そこで，狩野と田崎（1990）はコンデ

ンセーション法という方法によって全体的な構造をわかりやすくしている。図9-1の(b)がそれであり，(a)のなかのAからGまでのメンバーは3つ程度の下位集団を構成しながらも，まとまりをみせているので，これらのメンバーをひとまとめにした。このような手法を用いると，全体としてのまとまりや分離のようすがよくわかる。

　学級指導においては，この全体的な特徴（構造）を知り，どのような下位集団に分かれているか，また全体としてよくまとまっているか，下位集団間に対立が生じるおそれがないかなどを考慮して指導にあたる必要がある。

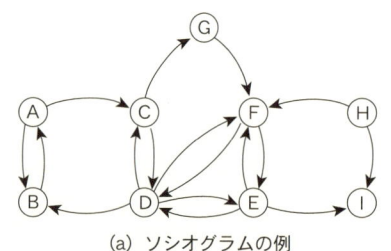

(a) ソシオグラムの例
A～Iは個人，矢印はその選択関係を示す。

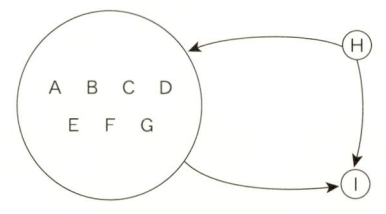

(b) コンデンセーション
図9-1　ソシオグラムとコンデンセーションの表現の比較（狩野・田崎，1990；小石，1993）

　しかし，学級の人間関係をとらえるために，ソシオメトリック・テストを用いるのはまれであり，ふつうは教師の肉眼による観察法に頼っている。第三者の立場から冷静に観察する方法も時には有効であるが，多くは教師も集団に参加しながら観察することになる。学習活動では指導者として参加し，遊びの場でも協力者的立場で参加することが多い。この参加的観察のほうが外からはみえにくい人間関係までもとらえることができ，指導に役立つ。

3　学級崩壊と心理的構造

　学級としてのまとまりがなく，一人ひとりが自分勝手な行動をとり，教師の指示・命令がまったく効果をもたない状態に陥ることがあり，これを学級崩壊という。学級指導にあたる教師は，このような崩壊現象が現われないように適切な指導を行なう必要がある。

　ここでは学級の心理的構造の面から，崩壊しやすい学級の特徴を明らかにし

てみよう。図9-2には，学級集団の人間関係をソシオグラムに表わした場合の代表的な構造を示している。わかりやすくするために5人の集団として図示しているが，多人数の場合も基本的には同じである。

図9-2の7つのタイプのなかで②と③は排斥や反目という好ましくない人間関係が含まれており，学級としてのまとまりに欠け，最も崩壊しやすい構造であるといえる。そのようなマイナスの要素がなくても，①や④のようにバラバラでまとまりのない構造を示す学級もかなり崩壊しやすいと思われる。これらに比べて，⑤や⑥は友好的関係が結ばれており，崩壊のおそれがないと思われるかもしれないが，⑤にはリーダー格のメンバーが不在であり，逆に⑥にはリーダー1人に集中しているためボス支配に陥りやすいので，崩壊の危険性がある。⑦のタイプのように，リーダー的メンバーもみとめられるが，全員が相互に友好的関係で結ばれた学級ならば崩壊のおそれは少ないといえる。

それでは，どのような条件および対応策によって学級の崩壊を防ぐような心理的構造をつくりあげることができるのであろうか。まず第1には，どの子ど

①分散型　②排斥型　③反目型

④下位分割型　⑤連鎖型　⑥中心集中型

⑦凝集型

―― は友好的関係
―+― は排斥・反目の関係

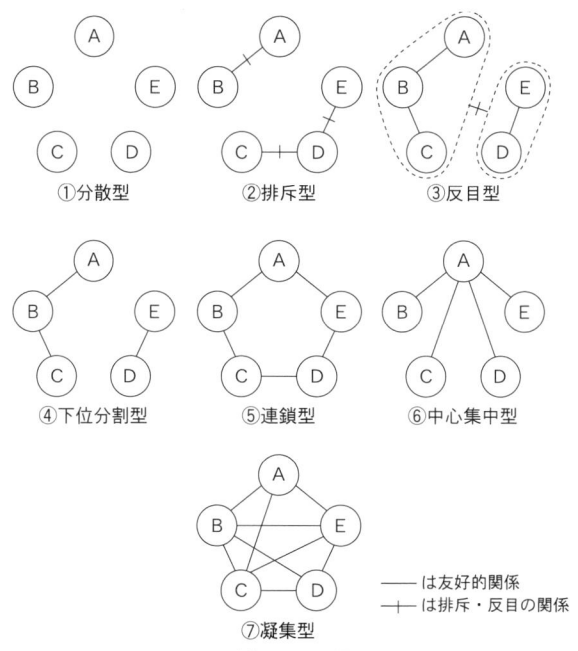

図9-2　学級の集団構造の型

もにも役割を意識させ、自分にも何かの長所があり、学級に貢献できるという効力感をいだかせることである。学級の係活動や小集団の世話役などを与え、その遂行を教師や級友が援助することによって、他のメンバーからの承認が得られ、友好的な関係に変わることがある。

　第2には、協力し合って活動する機会を与え、相互に助け合うことの大切さと喜びによってよい人間関係を築き上げることである。グループ学習やスポーツのチームプレイにおいて、他のメンバーとの協力を重視した指導が学級の人間関係をよくしていく場合がある。

　そして第3には、みずからが所属する学級への所属意識や誇りをもつことができるように、学級での話し合いや外部からのプラスの評価によって子どもたちの意識を変えることである。スポーツの学級対抗での優勝や清掃活動での表彰によって、このような意識が高まることがある。自分がその集団の一員であることを誇りに思い、他のメンバーと共通の考えで行動できるような集団を正（プラス）の準拠集団とよぶが、子どもたちにとって学級がそのような準拠集団になるように配慮したいものである。

2　教師のリーダーシップ

1　リーダーシップのとらえ方

　リーダーシップ（指導性）ということばは企業の職場やスポーツのチームなどでしばしば使われる。そこでは上司や監督が集団を引っ張って、よりよい成績をあげることができるかどうかによってリーダーシップの有無が問われる。学級指導にあたる教師の場合も、学級という集団を率い、学力向上や人格形成で成果をあげることが求められており、同様にリーダーシップが問題にされても不思議ではない。

　リーダーシップのとらえ方としては、リーダーの資質・性格によって決まるとみる個人的属性説と、集団のメンバーのはたらきかけなどの行為や置かれている状況によって決まるとみる状況説に分かれる。たしかに個人的属性が欠け

ていてはリーダーになれないが，そのことを前提として行為や状況のあり方がどのようにリーダーシップの発揮に関与しているかを検討してみることが重要である。

　三隅（1986）によると，集団の機能（はたらき）には，①課題を解決し，目標を達成しようという機能と，②集団を維持する機能があり，前者をＰ（Performance）機能，後者をＭ（Maintenance）機能とよんでいる。このＰＭ理論を学級における教師のリーダーシップにあてはめ，質問紙法によって調査した研究がある（三隅ら，1977）。

　調査は小学校の学級担任教師を子どもが評定する方法で行なわれた。リーダーシップに関する多数の質問項目に関する評定値の因子分析に基づき，Ｐ機能の項目（例：「あなたの先生は，きまりを守ることについてきびしくいわれますか」「あなたの先生は，家庭学習（宿題）をきちんとするようにきびしくいわれますか」など）とＭ機能の項目（例：「あなたの先生は，みんなと遊んでくださいますか」「あなたの先生は，なにか困ったことがあるとき相談にのってくださいますか」など）が10個ずつ選ばれた。子どもから受けた評定の得点の合計点によって，教師のリーダーシップの型を決めた。すなわち，全体での平均より高いＰ機能得点をＰ，より低いＰ機能得点をｐで示し，同様に平均より高いＭ機能得点をＭ，より低いＭ機能得点をｍで示した。これらの組み合わせによって，教師のリーダーシップを図9-3のように4つの類型にわけた。

　他方，子どもたちが自分の学級に対してもっている意識を質問紙法によって調べた。質問項目は，学習意欲，規律遵守，学級の連帯性，学級への満足の4分野にわたっていた。各分野ごとに，平均より高い得点の子どもの数を比べると，学習意欲や規律遵守のようなＰ機能に関係する意識については，ＰＭ型のリーダー

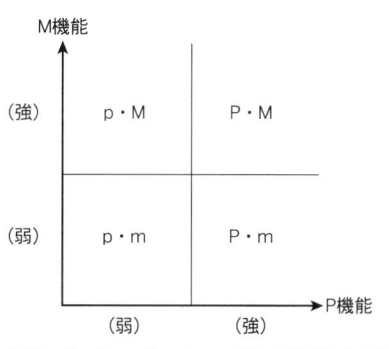

図9-3　リーダーシップの4類型（三隅，1986）

シップを発揮している学級の子どもが最も高い割合を占めていた。また学級の連帯性や学級への満足のようなM機能に関係する意識については，ＰＭ型とｐＭ型がほぼ同じくらい高い割合を占めていることがわかった。そして全体として判断すると，学級におけるリーダーシップには，目標（学力や規律など）を達成しようというはたらきかけと集団の和を保ち，すべての子どもが満足できるようなはたらきかけがともに大切であると述べている。

2　教師の指導力向上

明石（1981）は，中学生に対してどのような教師が人気があるかを調査している。特徴を表わす質問項目を選択させた結果を因子分析し，図9-4のような3つの因子を抽出した。これらの因子は人気を左右する心理的要因と考えられるが，その第1は「どの生徒にも公平に接する先生」「悩みごとをいっしょに考えてくれる先生」「ユーモアがある先生」によって代表されるような人間味因子であり，人気に最も大きな影響力をもつ要因であった。第2は，「宿題を多く出す先生」「ノートをよく見てくれる先生」「授業がわかりやすい先生」「おそくまでクラブ活動を指導する先生」に代表される授業技術因子であり，これも重要な要因であった。第3は，「チャイムが鳴るとすぐ授業を終える先生」「自分のまちがいを素直にあやまる先生」「すぐ名前を憶えてくれる先生」に代表されるものわかり因子であった。子どもからみると，これらの心理的特性をもつ教師がよい先生であり，指導力のある先生であるといえる。

しかし子どもからの人気だけで教師の指導力を判断するのは危険であり，教育という仕事の専門性から考えて教師の資質を評価する必要がある。深谷と明石（1981）は，中学校の教師を対象にして調査し，教師が専門職としての地位を高めるにはどのような条件が必要かを選択法によって問うている。想定される8つの条件の

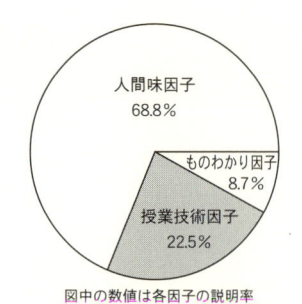

図9-4　人気のある教師の構成因子（明石，1981より作成）

- 人間味因子　68.8%
- 授業技術因子　22.5%
- ものわかり因子　8.7%

図中の数値は各因子の説明率

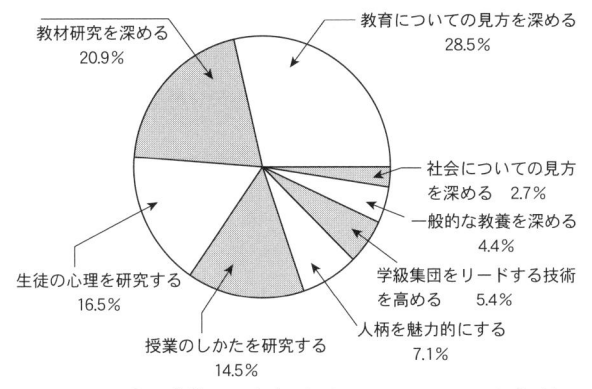

教材研究を深める 20.9%
教育についての見方を深める 28.5%
社会についての見方を深める 2.7%
一般的な教養を深める 4.4%
学級集団をリードする技術を高める 5.4%
人柄を魅力的にする 7.1%
授業のしかたを研究する 14.5%
生徒の心理を研究する 16.5%

図9-5　専門職化への内容（深谷・明石，1981より作成）

なかから最も必要な条件を1つ選択させたところ，選択率は図9-5のような割合になった。この結果からは学習指導に関する指導力が重視されているが，学級指導や人間性についてもみずからの専門性を高めるのに重要であるとみなされていることがわかる。

では，このような指導力の向上には，どのような対策を立てることが有効であろうか。日本教育学会教師教育に関する研究委員会（1983）が，教職1年間の体験から教育実践の質的向上に何が役立ったかを教師に問うている。その結果，さまざまな要因が指導力向上に関係していることが明らかになったが，なかでも自分が勤務している学校のなかで行なわれる研修や個人的アドバイスなどが役立ったという回答が多かった。

教師の指導力について，世間から厳しい目が向けられるようになった。大学や短大の教職課程においてしっかりと学ぶ必要があるが，いったん教職についてからも常に研究を重ね，教師としての力量を高めていかなければならない。

10章　不適応児の理解と指導

1 不登校児

1　不登校の分類

　学校へ行かない子どもはすべて不登校児であるともいえるが，一般的に登校できない明らかな理由がある場合を除く長欠児（年間50日以上の欠席）を不登校児または登校拒否児という。図10-1には，東京都教育委員会（1990）を参考にし，長欠児を分類したものを示している。この図の①，②，③の長欠児は登校できない明らかな理由が考えられるので，不登校児には含めない。したがって④だけが不登校児とよばれるが，このなかにはさまざまな心理学的理由が関与している場合があり，ひとくちに不登校といってもまったくタイプが異なる子どもが含まれている。

　この図に示しているように，代表的なのは神経症的症状がみとめられる場合である（⑦）。この症状は登校に関連した不安や恐怖がおもなものであり，時には身体症状が現われることもある。このタイプの不登校児は多発傾向にあるが，このなかに含まれるものには次の3つがある。

①社会的未熟タイプ：幼児期や小学校低学年に多くみられるタイプであり，過保護や過干渉などの母親の養育態度がおもな原因となり，母親から離れることに不安をもつ分離不安型が多い。また友だち関係をもつことができ

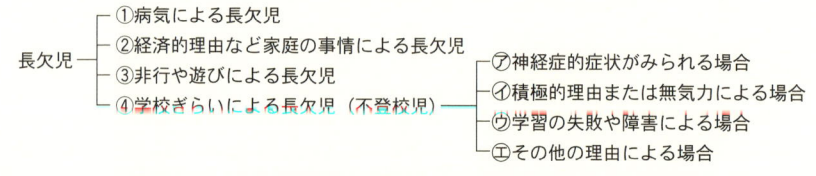

```
長欠児 ┬─①病気による長欠児
       ├─②経済的理由など家庭の事情による長欠児
       ├─③非行や遊びによる長欠児
       └─④学校ぎらいによる長欠児（不登校児）─┬─⑦神経症的症状がみられる場合
                                                ├─④積極的理由または無気力による場合
                                                ├─⑨学習の失敗や障害による場合
                                                └─④その他の理由による場合
```

図10-1　**長欠児の分類**（東京都教育委員会，1990より作成）

ず，社会性の未発達から登校できない場合もある。
②息切れ・自信喪失タイプ：小学校高学年以降に多く現われるタイプであり，急激に発症することがある。親から過大な期待が寄せられたり，幼いころから良い子として育てられたために，いったん挫折したときの耐性が弱く，急激な自信喪失に陥るタイプである。
③自己中心的怠学タイプ：甘やかされ，わがままに育った場合など，人間関係の重圧に耐えられず，孤立・逃避する子どもがいる。初めはずる休みとみられるが，しだいに自分の殻に閉じこもり，不登校を長く続けるようになる。一時的な怠学か不安・逃避の傾向に固執する不登校かを見分ける必要がある。

また，図10-1の①に示したように，積極的理由または無気力による場合もある。⑦のように神経症的症状までは示さないが，周囲の者が理解に苦しむような心理的原因によって不登校になることがある。中学校や高等学校では勉強することに疑問をもったり，学校生活とは違った生き方に価値を置くため，意図的・積極的に長期欠席を続ける生徒がいる。また，自己喪失から無気力化してしまい，登校にたえられなくなる場合もある。不登校を理屈づけるなど，初期には外と反応するが，長期化するにつれて内閉化し，乱れた行動も多様になる。また，⑦に示した学習の失敗や障害による不登校児もみられる。詳細は2節に述べる学習困難児やその他の障害児がこのなかに含まれる。しかし実際には，このような分類に属さない不登校児もあり，一人ひとりがそれぞれ独特な発症傾向をもっているともいえる。

2 発症の経過と指導・支援

上に述べた社会的未熟タイプや自己中心的怠学タイプは，徐々に症状が現われ，長く続く慢性型の経過をたどるのに対して，息切れ・自信喪失タイプは突然起こる急性型の経過をとることが多い。発症時にはこの違いがあるが，長期的にみると，症状が段階的に変化していくようである。平井（1980）は，症状が現われる経過の段階を初期の状態，暴力の時期，怠惰な時期，回復期，登校

第Ⅲ部　生徒の理解と指導・評価

```
ⓐ初期の状態
・腹痛，頭痛，疲労を訴える
・朝，玄関まで出るが登校できない
・怠け心ではないかと思われる

ⓑ暴力の時期
・母親に暴力をふるう（家族以外には暴力をふるわない）
・起床が午後になることが多い
・親に無理なことを要求する

ⓒ怠惰な時期
・暴力は減少し，テレビ，漫画などにひたる
・生活習慣が乱れ，外出しようとしない
・家族とも顔を合わせようとしない

ⓓ回復期
・起床時間が午前中になる
・食事等の習慣が正常化する
・自発的に手伝いや会話を始める
・後期になると，アルバイトをしたり，友人や教師に連絡をとりはじめ，登校につながる
```

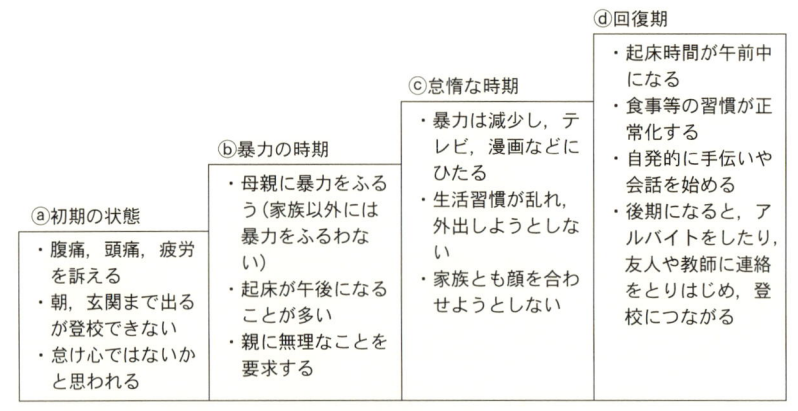

図10-2　不登校の発症経過（平井，1980より作成）

開始の5段階にわけている。登校開始を回復期に含めた4段階として，この説を図示したのが図10-2である。

ⓐ初期の状態：身体症状を訴え，医者に見せても，「たいしたことがない」といわれ，午後になると元気にやっていることが多い。親は怠けているのではないかと思い，叱ったり力ずくで登校させようとするが，抵抗し，時には登校を装い，逃避してしまうこともある。

ⓑ暴力の時期：登校しなければならないことはわかっているが，それができないため，母親にあたり散らすようになり，ついには暴力をふるう。親，とくに母親への暴力が多いが，家族全員におよぶこともある。身体攻撃，器物破壊，言語的暴力がくり返され，耐えかねて，別に居住する親もある。落ちついている時は正常な会話ができるので，けっして病気ではないことに注意すべきである。しかし生活習慣は乱れ，起床も午後になることもある。

ⓒ怠惰な時期：暴力をふるってもどうにもならないことに気づき，しだいに減少していくと，怠惰な生活が強く現われるようになる。洗面，歯磨き，入浴も怠り，一日中パジャマ姿で暮らし，好きなゲームや漫画，テレビを見ているといった生活が続く。家族と顔を合わせないようにし，一日中自室に閉じこもる。外部との接触を断ち，母親とも筆談で会話する程度で，

緘黙状態が続くこともある。
ⓓ回復期：この時期に入ると、日常生活は正常な状態にもどるが、しばらくは登校できないままである。しかし食事の後始末を手伝ったり、自主的にみずからの生活をコントロールできるようになる。この時期の後半に入ると、外出もできるようになり、なかにはアルバイトを始める子どももいる。以前の友人や教師に連絡をとって、学校のようすを聞くようになり、やがて登校を開始する。

ⓐからⓓまでのすべての段階をこの順序どおりにたどるとは限らないが、基本的なパターンとしてこの発症経過を頭に入れて、不登校児の指導・支援にあたる必要がある。

初期の状態にある子どもに対し、力ずくで登校させようとしてかえって症状を悪化させてしまうことがある。怠けからの不登校と思い込み、叱ったり、きびしい対応をする親が多いが、子どもが発するサインをしっかりと受けとめることが支援の第一歩である。しかし家庭においては生活習慣が乱れないように配慮する必要がある。

暴力の時期では、家庭における対応が鍵をにぎるが、幼少時に溺愛や過保護を受けていたため、甘えの要素をもつ暴力行為がみとめられるケースもある。登校しなければならないことは百も承知しており、それができないため、母親になんとかしろと求めるが、母親はただおろおろするだけで求めに応じることができないという状況が多く見受けられる。母親が子どもの求めにただ奉仕するのではなく、きぜんとして立ち向かった場合に解決が早くなった例もあり、親が腹を決める必要がある。

怠惰な時期には、親とくに父親とは絶縁状態になっており、外部とも接触をもとうとしない。そのため親や教師が解決をあせり、時にはきびしい態度にでることがあるが、ますます巣籠もりを強め、かたくなな姿勢をとることが多い。この巣籠もり状態も、幼少時から身についていなかった自主性をもとうとしてあせっている状態であるとも解釈され、親たちからはたらきかけないほうがかえって経過を早めよい結果につながるケースが多い。

回復期に入ると，日常生活の習慣がもとにもどり，会話もできるようになるので，親が通常の接し方を続け，特別扱いをしないほうがよい。登校開始の時期が来るまであせらず，子どもが自主性に基づく行動を広げていくのを見守り，勇気づけることが肝要である。

学校側の対応策としては，家庭訪問や級友からの励ましなどによって見離されているのではないことを伝えることは好ましい対応であるが，命令や指導という印象を与えないようにすべきである。しかし登校刺激を与えてはならないというものではなく，子どもの内面の変化をとらえ，適切な時期が来れば教師や級友のはたらきかけが功を奏することがある。教師がよき理解者であるとわかれば，心を開いて援助を求めてくるからである。

2 学習困難児

1 学習困難の分類

なんらかの原因によって，学習がむずかしい状態に陥り，その結果としてきわめて学力が低いレベルにとどまる子どもを学習困難児とよぶ。「学習がむずかしい」とか「きわめて学力が低い」といっても，どの程度の状態かを明確にする必要があるが，「通常の授業に，努力してもついていけない」とか「1学年以上の学力の遅れ」という目安で判断すればよいであろう。

さて学習困難児の指導のあり方を考える際，遅れの状態だけでなく，遅れの原因を明らかにし，原因別に対策を立てる必要がある。そこで，おおまかに原因を4つにわけ，学習困難を分類すると図10-3のようになる。①は基礎となる学力が身についていないために学習がむずかしくなった場合であり，学年の進行とともにふえる傾向がある。とくに系統的に学習する必要がある算数・数学に多くみとめられる。②は学び方や考え方・認知の仕方がわからないとか，学習習慣が身についていないために学習がむずかしくなった場合である。③は学習意欲が低い場合であり，学習の動機づけに問題がみとめられる学習困難児である。

```
                    ┌─ ①基礎的な学力の未習得による学習困難
                    │    ・読み・書き・計算の能力の未習得
                    │    ・基礎的な概念・知識の未習得
                    ├─ ②学習方略・学習習慣の欠如による学習困難
                    │    ・基礎的な学習スキルの欠如
           学習困難 ─┤    ・深く理解する方略の欠如
                    │    ・自らの学習をコントロールする方略の欠如
                    │    ・学習習慣の欠如
                    ├─ ③学習意欲の低下による学習困難
                    │    ・学習の失敗による意欲低下
                    │    ・家庭・学校の環境要因による意欲低下
                    └─ ④認知能力の偏りによる学習困難（学習障害）
                         ・注意力の弱さ
                         ・文字識別力の弱さ
                         ・作業記憶の限界
                         ・精緻化方略の欠如
                         ・メタ認知の欠如
```

図10-3　学習困難の分類

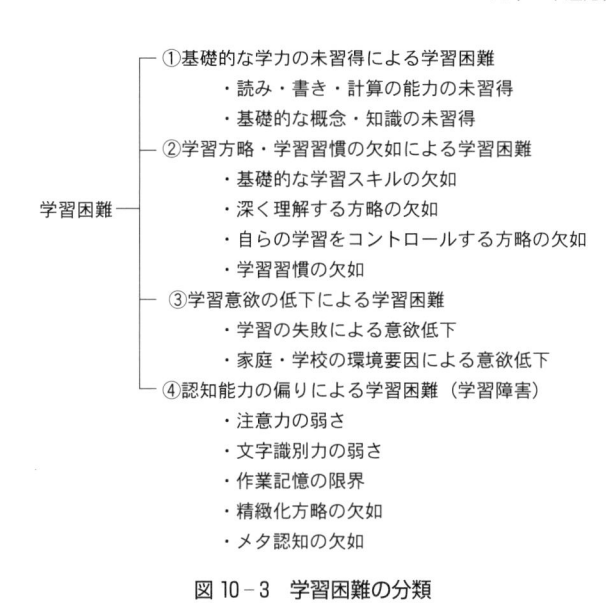

　①から③までの原因は通常の指導をとおして克服されなければならない原因であり，またどの子どもにも生起する可能性のある原因である。したがって特別な指導・支援の対象ではないが，学力の遅れが1学年以上に及ぶ子どもであり，個別指導を徹底しない限り，学習困難から救うことはむずかしい。ふつう，"勉強のできない子"とか"おちこぼれ"とよばれているが，教育心理学では学業不振児や学習遅延児という概念があてられてきた。学業不振児は知能に比較して学力が極端に低い子どもをさし，アンダー・アチーバーともよばれる。学力偏差値から知能偏差値を差し引いた値を成就値というが（表11-1参照），成就値が-8から-10以下の場合に学業不振と判定されることが多い。他方，学習遅延児は知能と比較せずに，学力が極端に低いという基準だけで判定された子どもであり，スロー・ラーナーともよばれる。

　次に，④の認知能力の偏りによる学習困難とはどのような場合かを説明しよう。

　④に該当する学習困難は学習障害（Learning Disability：LD）とよばれる。文部科学省（2003）によると，「学習障害とは，基本的には全般的な知的発達

に遅れはないが，聞く，話す，読む，書く，計算する，推論するなどの特定の能力の習得と使用に著しい困難を示す，さまざまな障害をさすものである」と定義される。この定義にあるように，知的発達全体が遅れているわけではなく，どれか1つの知的能力に著しい遅れがある障害であり，この特徴を認知の偏りという。またその障害の心理的原因を探ると，図10-3の④に示したように，注意とか文字識別などの認知能力の弱さまたは欠如が考えられ，この特徴を認知の偏りとみなすこともある。

　学習障害については，学習上の障害として判定されるのはかなり年長になってからであるが，乳幼児期にも特異な症状を示すことがあり，早期発見が重要であるといわれている。乳児期には，「抱いたとき，硬い感じ」「表情の変化に欠ける」「おちょうだい，指さしの模倣ができない」「笑わない」などの特徴がみられることが多い。また幼児期になると，「話しかけても，子どもの心にしみこまない（陶器に水をかけるよう）」「ハサミが使えないなど，手先が不器用」「イライラして，かんしゃくを起こす」「遊び集団へ入れない」「ことばの遅れ」「物をいじくりまわす」などの特徴がめだつことがある。これらの発達的特徴や難産などの出産時の問題から，中枢神経系になんらかの微細な機能障害があるのではないかと推定される場合もある。しかし脳波所見にはっきりとした特徴がみられる場合はまれであり，そのような医学的原因よりも，教育的・文化的なさまざまな原因が重なったためではないかと思われる場合が多い。

2　学習困難の診断と指導・支援

　基礎的学力の補充：学習が困難になった原因として，その学年での学習の基礎となる内容が十分に身についていないことが多い。基礎的な内容としては，図10-3に示したように読み・書き・計算が代表的であるが，社会科や理科などの教科でも基礎となる概念や知識が考えられる。何が欠けているかを的確に診断し，それを補充する指導を行なう必要がある。7章で説明した習熟度別指導はこのような指導をおもな目的としているが，たんに少人数のグループで行なうだけでなく，一人ひとりの欠けている学力に見合った教材を準備し，時間

をかけた指導に取り組まなければ効果が現れない。

学習方略の指導・支援：知識や概念が身についていても，学び方や考え方がわからないために学習困難に陥っている場合がある。図10-3の②および④にはこのような場合が含まれている。学習方略の指導・支援によって学習困難の克服を図る方法としては，6章で取り上げた認知カウンセリングもそのひとつであるが，次のような自己教示訓練法もある。マイヘンバウムとグッドマン（Meichenbaum & Goodman, 1971）は，落ち着きがなく，学習課題に注意を集中できない学習困難児（小学校2年生）にぬりえのような簡単な課題から推理課題のようなむずかしい課題までのさまざまな課題を与え，「ゆっくりと，気をつけながら書こう」というような方略を声に出しながら解決するように求めた。これを自己教示訓練法というが，2週間の訓練によって効果が現れ，知能検査の問題などで誤りが減少し，注意深く取り組むことができるようになった。算数の計算などで不注意からミスをしやすい子どもなどに使ってみることができる。

基礎的学力・学習方略のほかに学習意欲を高める指導・支援も必要な場合がある。これについては5章を参照してほしい。

3 特別支援教育

文部科学省（2003）が小中学校の教師を対象に調査したところ，なんらかの特別な支援を必要とする子どもが多数にのぼることがわかった。その内訳は図10-4に示したように，2節で説明した学習障害（LD）が4.5%，不注意や多動性・衝動性を示す注意欠陥／多動性障害（ADHD）が2.5%，対人関係がうまくいかず，こだわりなどを示す高機能自閉症やアスペルガー症候群が0.8%であった。これらは図示したように重複して現われるので，全体としては6.3%の発生率である。

このうち，高機能自閉症とは，知的発達に遅れはみとめられないが，他人との社会的関係がむずかしく，ことばの遅れや興味・関心の狭さを示す障害であ

```
         A
      (4.9%)          B
                   (2.5%)



                    C (0.8%)
```

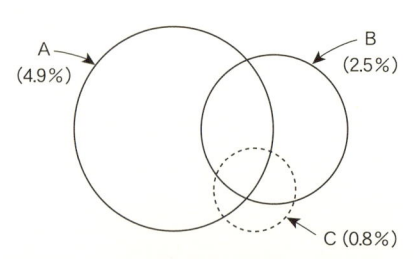

図10-4 知的発達に遅れはないものの学習面や行動面の各領域で著しい困難を示すと担当教師が回答した児童生徒の割合（文部科学省，2003より一部改変）

（著者注） Aは学習障害（LD），Bは注意欠陥／多動性障害（ADHD），Cは高機能自閉症とアスペルガー症候群にそれぞれ相当する。

る。アスペルガー症候群は自閉症の特徴のうちことばの遅れをともなわないものであり，高機能自閉症とあわせて広汎性発達障害ともいう。さらに，学習障害，注意欠陥／多動性障害を含めたこれらの障害をあわせて軽度発達障害とよぶことがある。

　これまでは重度な障害のある子どもを対象にして特殊教育が行なわれてきたが，上に述べた軽度発達障害の子どもには特別な支援が行なわれてこなかった。これらの軽度発達障害児についてはよく知られていない面もあるが，指導や支援の方法をくふうして対応する必要があり，今後はこれら多様な障害をもつ子どもに対して特別支援教育を行なうことになった。

　軽度発達障害児は3種の障害に分類されるが，実際は図10-4に示したように重複した症状を示すこともある。したがって一人ひとりに応じた支援をそれぞれの障害の原因別に実施する必要がある。

　学習面の支援としては，図10-3の④に例示したような心理的原因別に行なうことになる。注意力が弱く，メタ認知が欠如した子どもには，伝えたことを理解したかどうかを復唱させたり，自己教示訓練法の適用が考えられる。文字識別力の弱い子どもには，図や絵・写真などのことば以外の手がかりを与えたり，文字を拡大したり，分かち書きしたプリントを用いることが有効である。

作業記憶や精緻化方略については6章で説明したが，これらに原因がある場合は，一般に文章を読んでも意味がわからず，文脈をとらえることが困難である。そのような子どもには，文意の把握と記憶を助けるさし絵を用いたり，重要な内容にアンダーラインを引き，要約の仕方を教える必要がある。

行動面の支援としては，教室でのルールやスケジュールなどを視覚的にわかりやすく掲示して，約束事を守って行動できるように支援するのが有効である。それでも守れない子どもには，約束を守ったかどうかをチェックできるシートを与え，できたときはていねいにほめるという支援が考えられる。また友だちと仲よく遊べる機会を与え，社会的スキルを育てるのがよい。

特別支援教育は1人の教師だけで行なうのは無理であり，コーディネーターの教師が中心になり，心理学者や医師などの専門家チームと連携し，巡回相談や助言を受け，また家庭の協力のもとに進める必要がある。

コラム⑥ 少年非行といじめ

罪を犯したり，そのおそれのある少年や法に触れる行為をした少年（20歳未満）が非行少年とよばれる。社会経済的要因も関与して変動があるが，今なお高い比率で発生し，現在では凶悪犯が増え，社会的にも問題視されている。非行発生の心理的原因としては，①欲求不満への対処法が身についていない自我の未成熟，②強い者のいいなりになる集団への過剰適応，③罪の意識をもたない規範意識の低下などが指摘されている。その背後には，都市化，核家族化，遊興的環境も関与しており，近年では遊び型非行の増加や低年齢化が進んでいる。

いじめの発生件数は，今なお多く，教育現場の深刻な問題になっている。教師のいじめの認知度が低いことから実数は把握しにくいが，放置できない状況にある。たんなる悪ふざけとは異なり，①巧妙かつ執拗にくり返され，エスカレートするなどの陰湿化，②いじめられた子がいじめる側になるなど流動性，③おもしろがってはやしたてたり，見て見ぬふりをする観衆や傍観者の存在が指摘される。発生の背景には，競争の激化や遊び集団の崩壊による社会性の未熟があるといわれるが，学校と家庭の協力によって，いじめの早期発見と社会的スキルの獲得を含めた指導が望まれる。

11章　心理検査と心理療法

1　心理検査

　心理テストということばはしばしば耳にするが，それらは俗称として使われていることが多い。学問的な意味での心理検査は，知能や性格などを客観的にとらえるために標準化された検査のことである。心理検査は，心理アセスメント[注1]の一部であり，検査の実施にあたっては，検査を受ける人（被検査者）の理解と協力を得ることが必要である。また，それぞれの心理検査は，検査の信頼性と妥当性を確保するために標準化されており，厳密に定められた実施法と結果の処理法を厳守できる専門家によって行なわれるべきである。

　心理検査はそれぞれ人間の限られた側面しかとらえることができないので，人間を統合的・総合的に理解するために，目的に応じて適切な検査をいくつか選択し，組み合わせて，複数の心理検査による情報から，総合的にとらえようとするのが望ましいのであり，これをテストバッテリー[注2]という。

　なお，心理検査の結果を絶対的なものとしてとらえ，子どもにレッテルを貼るような過ちをけっして犯してはならない。心理検査の結果はあくまでも人間を理解するためのひとつの参考資料にすぎないという慎重な見方が必要である。

1　知的発達と学力をとらえるための心理検査

　知能検査は知能を測定するための検査であり，1905年に発表されたビネー式知能検査に始まり，その後多くの研究者によって研究がなされ多様化した。検査の目的は，元来ビネー（Binet, A.）が調べようとしたように，知的障害のある子どもを判別し，適切な援助をするためのものであった。検査の結果は，同じ被検者でも別の知能検査では若干値が違っていたり，同じ知能検査でも2回

目以降では違う結果となり，体調などでも大きく左右される。したがって，知能検査の結果を絶対的な結果としてとらえたり，本来の目的を超えて子どもの選別のために安易に用いることは危険である。

知能検査は，実施法の違いによって，集団式検査と個別式検査に分けられる。集団式検査はいっせいに行なわれる検査であり，個別式検査は被検査者と検査者が1対1で行なわれる検査である。なお，日本における就学時健康診断の際には，集団式検査でなんらかの問題がみられた子どもだけを対象に個別式検査を行なうことが多い。

個別式検査のなかで最も古くから使われたのはビネー式知能検査であり，1905年に心理学者ビネーと医師シモン（Simon, T.）が考案した検査に始まる。彼らは，知能の程度を精神年齢という語で表わした。たとえば，ある6歳児が，5歳児の大多数が解けるとされる問題までしか解けなかった場合，その子どもの精神年齢は5歳相当とみなされる。

1916年に，ターマン（Terman, L. M.）はシュテルン（Stern, W.）が提案した知能指数（IQ: Inteligence Quotient）という指標を取り入れたスタンフォード・ビネー式知能検査を発表した。知能指数（IQ）は，精神年齢（MA）を実年齢である生活年齢（CA）で割った値を100倍した値である（表11-1 ①）。

表11-1 知的発達と学力をとらえるための各値の求め方

① 知能指数（IQ） $= \dfrac{\text{精神年齢（MA）}}{\text{生活年齢（CA）}} \times 100$

② 知能偏差値（ISS） $= \dfrac{10 \times (\text{個人の得点} - \text{集団の平均点})}{\text{集団の標準偏差}} + 50$

③ 偏差知能指数（DIQ） $= \dfrac{15 \times (\text{個人の得点} - \text{集団の平均点})}{\text{集団の標準偏差}} + 100$

④ 発達指数（DQ） $= \dfrac{\text{発達年齢（DA）}}{\text{生活年齢（CA）}} \times 100$

⑤ 学力偏差値 $= \dfrac{10 \times (\text{個人の得点} - \text{全国の平均点})}{\text{標準偏差}} + 50$

⑥ 成就値 $=$ 学力偏差値 $-$ 知能偏差値

表11-2 IQによる精神遅滞の程度の分類（高橋ら，2002）

軽度精神遅滞	IQ：約50〜55から約70
中等度精神遅滞	IQ：約35〜40から約50〜55
重度精神遅滞	IQ：約20〜25から約35〜40
最重度精神遅滞	IQ：約20〜25以下

DSM-IV-TR（Diagnostic and Statistical Manual of Mental Disorders, Fourth Editon, Text Revision：米国精神医学会の「精神疾患の分類と診断の手引」）における精神遅滞の程度の分類基準（ただし、DSM-5やDSM-5-TRでは、IQの数値による精神遅滞の程度の分類はされていない。）

平均値は100であり、値が高いほど知能が高く、低いほど知能が低いとされる。このIQによる精神遅滞の程度の分類例を表11-2に示す。

日本では、鈴木治太郎が1925年に発表した鈴木ビネー式知能検査法や、田中寛一が1947年に発表した田中ビネー式知能検査がよく用いられてきた。とくに改訂が加えられ、2歳からの知能を測定できる「田中ビネー式知能検査Ⅴ」（図11-1）は、代表的な個別式知能検査としてよく用いられている。

個別式検査のなかで心理臨床でもよく使われるウェクスラー式知能検査は、ウェクスラー（Wechsler, D.）が1939年に考案した検査に始まる。言語性検査と動作性検査があり、言語性IQと動作性IQから質的な分析ができる。また結果をプロフィールで図示するので知能の特徴を診断的にみられる。ウェクスラーは50が平均となる知能偏差値（表11-1 ②）と100が平均となる偏差知能指数（表11-1 ③）を考案した。この偏差知能指数によって同一年齢集団内での個人の相対的な位置が示されるようになった。幼児用にWPPSI-Ⅲ、学齢期からの児童・生徒用にWISC-Ⅲ（図11-2）、成人用にWAIS-Ⅲがある。（その後、2010年にWISC-Ⅳ、2017年にWPPSI-Ⅲ、2018年にWAIS-Ⅳを発行。）

また、発達検査という名称でよく知られている検査もある。これは、子どもの発達の度合いを調べて、養育に役立てるための検査である。代表的な発達検査には、新版K式発達検査2001や、遠城寺式乳幼児分析的発達検査法、津守式乳幼児精神発達診断法などがある。特に代表的な新版K式発達検査2001は、京都市児童福祉センターで開発された検査で、姿勢・運動領域、認知・適応領域、言語・社会領域からなり、3か月児から成人を対象とする。発達指数は、検査結果による発達年齢を実年齢である生活年齢で割り、その値を100倍して求め

① 「絵の不合理」課題の例（田中教育研究所，2003より模造）

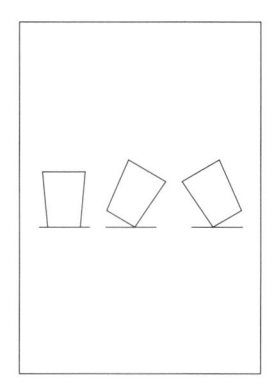

教示例：「この絵の中には，変なところがあります。どこがどうして変なのか，よくわかるように，お話ししてください。」

教示例：「コップに水を半分入れます。水が入った様子，水の線を描いてください。」

② 「垂直と水平の推理」課題の例（田中教育研究所，2003）

図11-1　田中ビネー式知能検査Ⅴの一部

られる（表11-1　④）。

　他方，学力を測定することを目的とした心理検査に，標準学力検査とよばれるものがある。これは，学力を客観的に測定するための検査であり，公平な問題になるように，そして常に同じ基準で採点できるように標準化されており，あらかじめ規準集団で信頼性や妥当性について厳密に検証された検査である。非標準化検査（教師作成検査など）とは違い，全国レベルでの比較検討が可能になる。検査の結果は学力偏差値（表11-1　⑤）で示されることが多い。また，学力偏差値から知能偏差値を引いた値を成就値（表11-1　⑥）とよび，潜在的な能力を学力として十分に発揮しているかどうかの目安にすることもある。

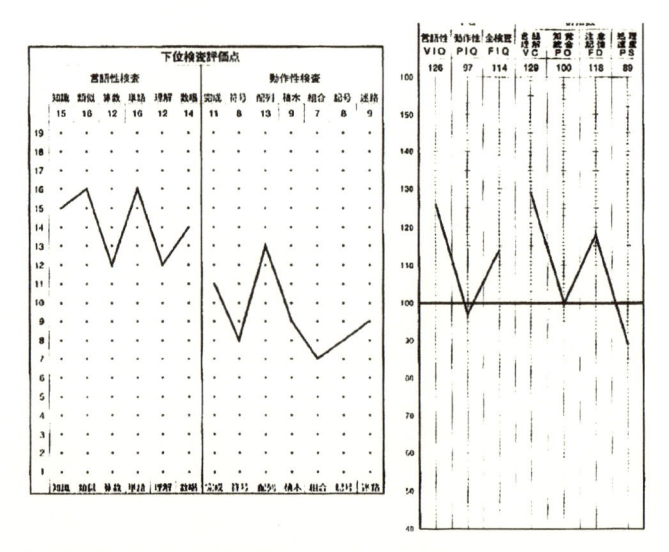

① WISC-Ⅲのプロフィール例（服部，2005）
これは，書字に著しい困難がありストレスによる身体的不調を訴えた小学2年生男児のWISC-Ⅲプロフィールである。このプロフィールから，言語性IQよりもむしろ動作性IQが低いことがわかり，とくに「組合せ」課題などの不得意さの原因になっている視覚と運動の協応の弱さのために，この男児の書字困難が生じていることが示唆された。

　　　　質問例：「電車とバスでは，どんなところが似ていますか。」
　　　　　　　　「クレヨンと鉛筆では，どんなところが似ていますか。」
② ①に示した児童が得意だった言語性検査の「類似」課題の質問例（Wechsler，1991）

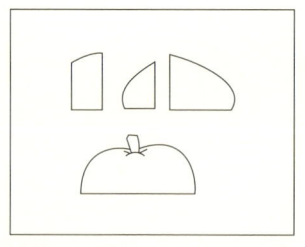

教示例：「これを正しく組み合わせると，りんごができあがります。できるだけ早く作ってください。できたら教えてください。」
③ ①に示した児童が不得意だった動作性検査の「組合せ」課題の例（Wechsler，1991）

図11-2　WISC-Ⅲのプロフィール例と課題例

2　性格を理解するための心理検査

性格検査とは，性格の特徴をとらえるための心理検査のことであり，人格検査またはパーソナリティ検査ともいい，質問紙法，投影法，作業検査法に分類される。

まず，質問紙法とは質問紙上での質問に記述して答えるという方法のことである。質問紙法の長所は実施が容易で統計的処理がしやすいところであり，一方短所は被検査者が故意に回答を歪曲させやすいところである。質問紙法のひとつであるYG性格検査は，ギルフォード（Guilford, J. P.）らが開発した検査を，矢田部達郎らが日本人用に改訂した性格検査である。120の質問項目に答えさせ，抑うつ性・劣等感・活動性など12の性格特性をとらえる検査であり，児童用，中学生用，高校生用，一般用（図11－3）がある。検査結果を図示したプロフィールによって，各個人の性格を多面的に示すことができる。また，MMPI（Minnesota Multiphasic Personality Inventory）は，ミネソタ大学の心理学者ハザウェイ（Hathaway, S. R.）と精神医学者マッキンレイ（McKinley, J. C.）によって，精神障害者と非精神障害者を鑑別する目的で作成された検査である。臨床尺度に加え，検査態度のゆがみや結果の信頼性を測定

れんしゅう

			はい	？	いいえ
イ	人中ではだまっている……	イ	○	△	○
ロ	こまかいめんどうな仕事が好きである…	ロ	○	△	○
ハ	いんきである……	ハ	○	△	○
ニ	元気である……	ニ	○	△	○
ホ	人の世話が好きである……	ホ	○	△	○
ヘ	いつもほがらかである……	ヘ	○	△	○
ト	人前に出るのが恥ずかしい……	ト	○	△	○
チ	たのまれたことはすぐ行う……	チ	○	△	○
リ	人のうわさはあまり気にしない……	リ	○	△	○

図11－3　YG性格検査用紙の一部（辻岡ら，からの抜粋）

する妥当性尺度からなり，15歳以上を対象とする。さらに古くから知られている向性検査は，ユング（Jung, C. G.）によって作成された検査である。この検査では，質問紙法を用いて，被検査者が内向性か外向性かを調べる。興味・関心が自分自身に向けられている場合を内向性，興味・関心が他者や外的事象者に向けられている場合を外向性という。

　投影法は，被検査者にあいまいな刺激を見せて，被検査者の比較的自由な反応から心理的状態をとらえようとする方法である。投影法の長所は，被検査者が回答を意識的に歪曲させにくく，被検査者の無意識的側面が把握できるところであり，一方短所は，検査結果の整理がむずかしく，処理に診断者の主観が入りやすく，客観的な診断が得にくいところである。この方法の代表的な検査であるロールシャッハ・テストは，ロールシャッハ（Rorschach, H.）によって作成された検査であり，被検査者に左右対称のインクのしみが何に見えるかなどを回答させて，葛藤や性格特性などをとらえる検査である。5歳児から成人を対象とする。検査にインクのしみが印刷された刺激（図11-4）を用いるので，インクブロットテストといわれることもある。また，TAT（Thematic Apperception Test）は，マレー（Murray, H. A.）とモーガン（Morgan, C. D.）が作成した絵画統覚検査（主題統覚検査）であり，被検査者に漠然とした場面の絵画（例：図11-5）を見せて自由に語らせた物語の主題内容から，被検査者の心理をとらえようとする検査である。小学4年生くらいから成人を対象とする。このTATをもとに，ベラック（Bellak, L.）とベラック（Bellak, S. S.）は，幼児から児童を対象にしたCAT（Children's Apperception Test）という幼児・児童用絵画統覚検査を開発した。CATの図版には擬人化された動物が描かれていて，子どもにとって興味をもちやすいものとなっている。CATの動物画の部分を人物画に置き換えたCAT-Hもある。

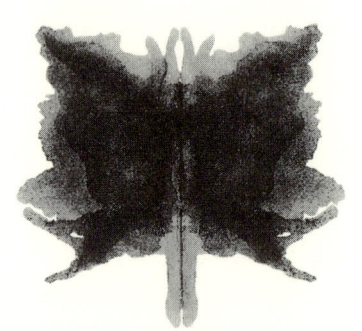

質問例：「これは何に見えますか？」
図11-4　ロールシャッハ・テストの図版例（模造）

11章 心理検査と心理療法

教示例:「これは想像力の検査です。これから絵を1枚ずつ見せますから、それぞれの登場人物がどんなことを考え感じているかを想像して、自由に物語をつくって話してください。」
図11-5 TATの図版例(模造)

　バウムテスト(Baumtest, Tree Test)は、コッホ(Koch, C.)が考案した検査(図11-6)であり、被検査者に「一本の実のなる木を描いてください」と教示して樹木を描かせる検査である。対象は幼児から成人である。描かれた樹木には、内面と外面、深層と表層などの心理が混合して表現されると考えられている。SCT(Sentence Completion Test)は、エビングハウス(Ebbinghaus, H.)によって考案された文章完成法であり、小学生用(8歳から)、中学生用、成人用(16歳から)がある。被検査者に不完全な文章、たとえば「子どもの頃、私は＿＿＿＿＿＿。」を提示し、空白の部分を自由に補

不登校の16歳の生徒が、元気になっていった半年間に描いた木の変化
図11-6 バウムテストの例(鍋田, 2003より抜粋)

教示例:「この右側の人はどのように答えるでしょうか。右側の人が答えると思われる言葉を，空いている枠の中に書き込んでください。」

図11-7　P-Fスタディ検査の課題例
(Rosenzweig, 1964より模造)

足させて全文を完成させ，その内容から被検査者の心理などをとらえる。また，P-Fスタディ (Picture Frustration Study) は，ローゼンツァイク (Rosenzweig, S.) が考案した検査であり，絵画欲求不満テストともいわれる。児童用，青年用 (例:図11-7)，成人用があり，欲求不満場面のなかの人物の空白の吹き出しに入れる被検者の回答から，被検査者の性格をとらえようとする。

図11-8　内田クレペリン精神検査用紙の一部の記入例 (内田，からの抜粋)

　最後の作業検査法とは，被検査者にある一定の作業を行なわせ，その結果から性格や適性をとらえようとする検査法である。その代表的な内田・クレペリン精神検査は，精神医学者クレペリン (Kraepelin, E.) が発見した作業曲線をもとに，内田勇三郎が開発した検査である。一定時間，一桁の数字を加算する作業を課し (図11-8)，その結果から性格や適性をとらえ，将来の作業ぶりを

推察する。

2 心理療法

心理療法（Psychotherapy）とは心理的に困難な状態にある人に対して心理学的な援助を行なうことである。心理療法を行なう者はカウンセラーまたはセラピスト，治療者などとよばれ，心理療法を受ける者はクライエントまたは来談者，患者などとよばれる。心理療法を行なう者は，医師と違って薬物療法は行なわず，心理療法を受ける者の自己治癒力がより効果的にはたらくように相互作用のなかで支援する。おもな心理療法は次のとおりである。

1 精神分析療法

精神分析療法は，精神科医フロイト（Freud, S.）が1900年ごろに創始した療法である。心理的な問題は過去の葛藤を無意識に抑圧することによって生じることが多いので，患者の夢や自由に連想した内容などから，患者の無意識に焦点をあてて，心の傷の原因を調べ，治療していくという方法を用いた。このフロイトの夢分析や自由連想法という方法をもとにして，現代の精神分析療法では，患者が自分の心に向き合う過程からトラウマや心の傷の原因となっている無意識の部分を探っていき，抑圧されている無意識的葛藤を意識化させることにより，無意識的な支配から患者を解放していくように支援する。

2 行動療法

行動療法は，1950年代にアイゼンク（Eysenck, H. J.）らによって名づけられた療法である。人間の不適応行動は誤った学習から生じるものと考え，あらたな学習によって不適応行動を適応行動へと変容させようとする心理療法である。おもな方法に学習理論の条件づけによる行動変容法がある。オペラント条件づけを活用した方法では，たとえば緘黙を続けている子どもに対して名前を呼んで話しかけ，返事をしたり，目と目を合わせたりしただけでも，ほほ笑ん

だり抱きしめたりする等して，ポジティブな方向に条件付けをしていく。これは強化による望ましい行動変容である。

3　認知療法

認知療法は，認知の仕方のゆがみが不適応の原因であるとみなす心理療法であり，その1つが1970年代に精神科医ベック（Beck, A. T.）が考案した方法である。そこでは治療者は患者の認知に患者とともに注目し，たとえば失神を恐れる患者に「あなたは失神しそうだと考えていますが，失神すると考える根拠は何ですか」とたずね，自分の認知のゆがみに気づかせ，不安や恐怖を取り除くのである。

4　クライエント中心療法

クライエント中心療法は，ロジャーズ（Rogers, C. R.）が1940年代に創始した療法である。この療法においてカウンセラーは，患者（クライエント）の問題を診断し助言するような指示的な介入をせずに，患者自身の潜在的な力を信頼して対応する。たとえば患者が悲しみ・不安などの負の感情を表出しても，それをあるがままに受け入れ，これを無条件の肯定的尊重・配慮という。そして患者の身になってともに悲しむような共感的理解をもつ必要がある。そのためにはカウンセラー自身の感情と表現に大きな矛盾がないように，あるがままの自分をさらけ出す必要があり，これをロジャースは自己一致といっている。

5　家族療法

家族療法とは，家族をひとつのまとまりをもったシステムとみなし，そのシステムがかかえる心理的問題を治療していこうとする技法の総称である。方法はさまざまであるが，たとえば子どもが不登校になったとき，家族全体の問題ととらえ，現在だけでなく，それ以前からの家族のあり方を話し合い，新しい道を見いだしていく。1つの原因を探しあてるのではなく円環的につながるシステムとして治療をすすめるのである。

6　遊戯療法

　遊戯療法とは，遊びをとおして子どもの心の状態をとらえ，心理的・行動的障害に改善をもたらすための療法である。遊戯療法にはさまざまな方法があるが，セラピストと子どもとの間にラポール（温かく親和的関係）が形成されていることが必要な点は共通している。多数の遊具から自由に選択させて遊ばせる自由遊戯療法と，特定の遊具だけで遊ばせる箱庭療法やドルプレイ（人形遊び）法などの制限遊戯療法がある。また子どもとセラピストが1対1で行なう個人遊戯療法と複数の子どもとセラピストで行なう集団遊戯療法とがある。

3　学校カウンセリングの実際

　学校現場が学級崩壊・いじめ・不登校・ひきこもり・非行・暴力・自殺などの多岐にわたる問題をかかえている現状のなかで，文部科学省は学校でのカウンセリング機能の充実を図るため，平成7年度（1995年）より平成12年度（2000年）まで「スクールカウンセラー活用調査研究委託事業」を，平成13年度（2001年）からは「スクールカウンセラー活用事業」を行なった。これらの文部科学省の施策によって，学校に在学する子どもの心理的諸問題への心理学的方法による援助的アプローチである学校カウンセリングの拡充が進んだ。

　学校カウンセリングはスクールカウンセラーによって行なわれる。スクールカウンセラーにはおもに臨床心理士がなっており，ほかに精神科医，学校心理士がなっている場合もある（コラム①参照）。スクールカウンセラーのおもな職務内容は，児童生徒へのカウンセリングと，カウンセリング等に関する教職員および保護者に対する助言・援助，児童生徒のカウンセリング等に関する情報収集・提供，専門機関との調整・連携などである。スクールカウンセラーは各学校の方針に従った柔軟な対応が求められ，各学校において適当と認められればグループ・ガイダンスやコンサルテーションを行なうこともある。グループ・ガイダンスでは，たとえばストレス・マネジメントのために有効な話を子

どもたちにすることもある。コンサルテーションでは、教師や保護者を対象とした研修会活動や個別相談などをとおして、教師や保護者の子どもを理解し援助する技術の向上を援助することもある。スクールカウンセラーには、問題をかかえているとされる子どもだけでなく、児童生徒全員、教師、保護者への援助も求められている。

　アメリカでは約100年近く前にスクールカウンセラー制度が導入されたが、日本のスクールカウンセラーの歴史はまだ浅く、不十分である。今後、長く貴重な歴史をもっている ASCA（American School Counselor Association）が発表したThe ASCA National Model（2003）なども参考にして、日本で必要なスクールカウンセラー制度をいっそう充実させていくことが要請されている。

注1　心理アセスメントとは、心理療法など種々の臨床心理学的援助過程において、クライエントの状態を統合的に見積もり把握するために行なわれる心理検査や面接・行動観察などを総称する用語である。「アセスメント」の訳語は用いられる領域によって変わり、「検査」「診断」「査定」「評価」「見立て」「判定」「所見」とさまざまな言い方がされるが、臨床心理学ではとくに訳さずに「心理アセスメント」という言い方が使われている。

注2　テストバッテリーとは、人間の統合的理解のために何種類かの心理検査を組み合わせることである。

12章　教育評価の考え方と実際

1　教育評価とは何か

1　教育評価の目的

　教育は，子どもたちの能力を引き出し，望ましい人格を形成するために行なわれる営みである。そこでは，どれだけその目標を達成したかが問われるが，教育評価はこの要請にこたえる大切な分野である。教育評価には，子どもの学習評価を中心にして，授業評価，カリキュラム評価，教師評価，学校評価など多くの領域がある。ここでは学習評価を中心に解説することにする。

　学習評価の目的を図示すると図12-1のようになる。すなわち，子どもたちの学習の過程や成果を評価することによって，①教師が指導のあり方を反省し，改善すること，②子どもたちが学習活動を意欲的・効果的に行なうこと，③保護者や社会への説明責任を果たすこと，④学校や行政機関が運営や管理を的確

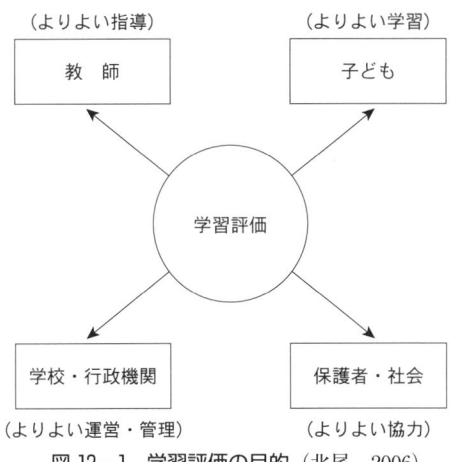

図 12-1　学習評価の目的（北尾，2006）

に行なうことが目的である。

2　測定から評価，アセスメントへ

　評価においては，測定による客観性を重視した時代がかつてあった。しかし，ペーパーテストによって得られた得点は測定の結果にすぎないのであって，評価とはその結果を価値判断し次に生かすものでなければならない。測定とはものの状態や特性を数量的に表現することにすぎないが，測定の後に行なわれる解釈や価値判断およびそれに基づく改善が行なわれてはじめて評価となる。また，その価値判断は明確に定められた教育目標に基づいて行なわれる必要があり，測定しただけで評価とはいえないのである。

　さらに近年，ペーパーテストの結果といったようなものだけに頼らず，多様な方法によって真の学習のありようをとらえた評価としてアセスメントという概念が使われはじめている。テストによって得られた結果だけでは真の学習を全面的にとらえたとはいえない。したがって，テスト結果だけではなく，観察法や実演・実技などのパフォーマンス，ポートフォリオとよばれる長期間にわたる資料の収集などによって，総合的に評価すべきであるという考え方が重視されるようになった。

2　評価の基準はどのように定めるのか

1　集団準拠評価の場合

　第2次世界大戦後，わが国の学校で行なわれた評価はこの集団準拠評価であり，一般には相対評価とよばれた。しかし，いろいろな事情から今日ではあまり重視されなくなった。

　集団内における相対的な位置を基準に評価するのが集団準拠評価とよばれるものである。最もわかりやすいものとして順位があげられる。また，パーセンタイルとよばれ，その子どもより下位にいる者が全体の何パーセントを占めるかを表わす方法を用いる場合もある。また，馴染みのある5段階評価は，図

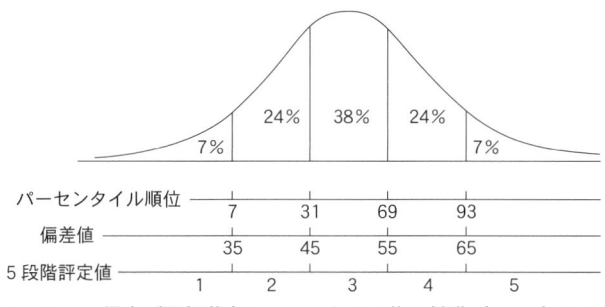

図12-2 得点が正規分布しているときの集団基準（norm）間の関係

12-2に示すように5つの段階に割り当てられる人数の割合をあらかじめ決めたものである。

また，偏差値とよばれる，集団内の得点の散らばり（分散）をもとにして相対的位置を示す方法もある。散らばりの程度を標準偏差（σ）で示し，個人の得点（X）と集団の平均値（M）との差がその標準偏差の何倍になるのかを算出する。そして，その値を10倍し50を加えた結果得られた値が偏差値である。すなわち次の式で表わされる。

$$偏差値 = 10(X-M)/\sigma + 50$$

これらの集団準拠評価は，だれが行なっても同じ結果となり，客観性の高い評価である。しかし，問題点も指摘されている。まず，統計学的にいえば，得点の分布が図12-2のような正規分布とは異なるゆがんだ分布を示す場合や，人数の少ない集団には適用できないという点である。また，教師の指導や子どもたちの学習に対する努力やその成果が見落とされる可能性が高い。全員が5点上がれば，だれの順位も変わらず，高い目標に達していたとしても，相対的に比較すれば低いと判断されることもあるであろう。

2 目標準拠評価の場合

他の子どもと比較するのではなく，教育目標に近づいた度合いに基づいて評

価するのが目標準拠評価である。はじめにも述べたように，教育の目標がどれだけ達成されたかが問題であり，目標に基づいて行なわれるのが評価の本来の姿である。ただ，だれにでも納得できる目標の設定や，客観的な評価を行なうのがむずかしいという問題点がある。それを克服するために次のようなくふうが必要である。

　まず第1に，単元目標を細分化し，観点ごとに評価項目を設定する必要がある。何を評価の対象とするのかを場面を考慮して具体的に示したものが評価規準である。

　第2に，評価項目についてどれだけ達成したかの指標を設ける必要があり，これを評価基準という。「知識・理解」の項目であればどれだけ多く習得したかによって，追究の程度が問われる「思考・判断」の項目であればどれだけ深く学習したかによって，段階を設ける。通常はこれらの段階をA，B，Cの3段階で表わす。

　第3は，単元末や学期末，学年末の総括において，各段階の出現の程度を分割し，基準を具体化することである。単元末では，1つの観点について複数の評定がある場合，最も多い評定を単元の評定値とする。同数の場合は，重要な項目の評定を採用する。学期末では，同様の方法で，評価項目あるいは単元の評定から総括し，学年末では，評価項目，単元，あるいは学期の評定から総括する。

　ただ，基準の決め方には恣意性が残るため，集団準拠評価のようにだれが行なっても同じというわけにはいかない。1人の教師の独りよがりな評価にならないためにも，教師どうしや学校間での評価基準の検討や，標準学力検査を参考にするなどの，評価基準の再検討や補正は必要不可欠である。

　また，目標準拠評価は複雑で手間がかかるという問題点も指摘されている。何を評価するかという評価規準表や，どの程度達成したかを明確にする評価基準表の作成や，評価を行なうための資料収集に時間がかかる。たんにペーパーテストだけに頼ることのできない評価であるが，教師の指導の成果や子どもの努力も結果に反映される評価である。

3 個人内評価の場合

　一人ひとりの子どもの内に基準を設ける評価方法を個人内評価という。子どもの個人としての特徴をとらえた評価であり，教育においては重視されるべきものである。個人内評価には2つの方法がある。

　第1は，現在の成績を過去の成績を基準としてその変化の程度を評価の対象にしようとする縦断的評価である。前の学期に比べて進歩したことが評価されると，子どもの学習意欲にもよい影響が期待できる。ただ，達成レベルも無視することはできない。

　第2は，教科間や観点間で比較しようとする横断的評価である。「理科は国語に比べてすぐれる」，あるいは「技能・表現の観点が劣る」というような見方である。子ども一人ひとりの特徴を知るうえでは適切な方法である。

　個人内評価は，集団準拠評価や目標準拠評価と相容れないものではなく，他の評価を補完する役割を果たすものであり，教育指導の充実を図ることができる。集団準拠評価や目標準拠評価と組み合わせることで，一人ひとりの子どもにおける学習状況の特性や変化を理解することができるのである。

3 だれがだれを評価するのか

　教育評価といえば，教師が子どもを評価するものという先入観がある。たしかにこれが中心的な評価活動であるが，教師以外の人が評価する場合もある。

1 他者評価の場合

　教育目標を設定し，学習指導の責任を負う教師が行なう他者評価は，学習評価の中心的な役割を担うことはいうまでもない。ただ，子どもや保護者にも理解され，納得される評価であるための努力は必要である。教師による評価では，教師の思い込みや先入観が評価をゆがめる可能性を否定できないからである。また，家庭でのようすやクラス外でのようすを知ることは困難な場合が多い。

そのため，担任の教師以外の他者（たとえば，他の教師，スクールカウンセラー，保護者，および同級生）からの資料に基づく評価，およびその子ども自身による評価を適切に取り入れることが求められる。

2 自己評価の場合

子どもみずからが自分の学習プロセスや学習結果を評価するのが自己評価である。自己学習力を育てるためには，自ら学び，自ら考える力をつけなければならないが，そのなかで自己評価の役割は大きい。また，学習意欲を引き出し，学習課題へのかかわりの度合いを高めることも自己評価では可能となる。

ふつう，授業のなかでの自己評価は，課題や場面ごとに行なわれ，それらに対するフィードバック情報が有効に利用される必要がある。ある学習課題に対して，何を解決するのか，どこまで理解したか（しているか），どこがむずかしいかといった評価を自分で行なうためにはフィードバック情報をじょうずに利用するように導く必要がある。そのためには，子どもみずからが目標や学習計画を設定し，それに基づいて課題に取り組むことが有効である。これがうまくいくと，自分の行なっている活動やその結果に敏感になり，教師からうながされなくても自己評価しようとするであろう。このような授業のなかでの自己評価には，表12-1のような自己評価カードが利用されることがある。

授業を含めたさまざまな活動をとおして，子どもは自分がどのような人間であるかという認識をもつようになる。「自分はどの程度の力があるのか」「自分の特徴はどのようなものか」「今後どのように生きていくべきか」という評価は，日常の学習や生活のなかでの自己評価をくり返すことによって，また，他者評価や相互評価を通じて長期にわたって形成されていくものである。子どもとの面談を通じて子どもが自分のよさに気づくように導き，ポジティブな自己評価が子どもの学習意欲にうまく結びつくような指導が必要である。

また，自己評価はメタ認知能力の育成にも有効である。自分の学習をモニターして得られる，自分の学習についての知識やコントロールする力は6章で述べたメタ認知の一部となるものである。したがって，学習のモニターに関して

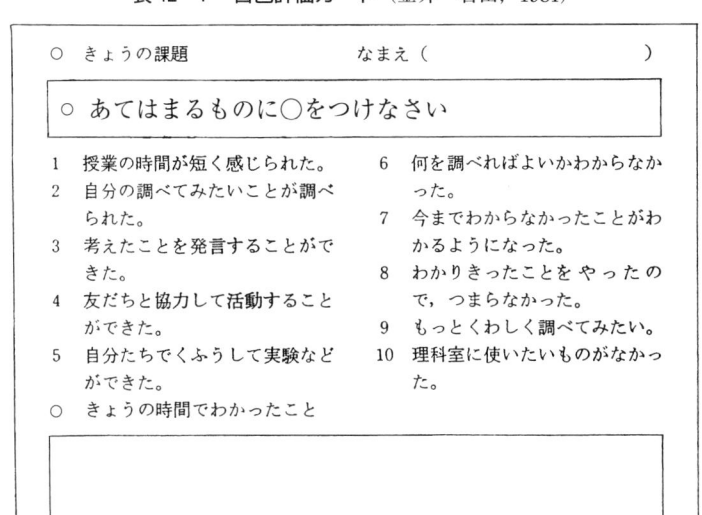

表 12-1　自己評価カード（金井・石田，1981）

```
○ きょうの課題          なまえ（          ）

○ あてはまるものに○をつけなさい

1  授業の時間が短く感じられた。      6  何を調べればよいかわからなか
2  自分の調べてみたいことが調べ         った。
   られた。                         7  今までわからなかったことがわ
3  考えたことを発言することがで         かるようになった。
   きた。                           8  わかりきったことをやったの
4  友だちと協力して活動すること         で，つまらなかった。
   ができた。                       9  もっとくわしく調べてみたい。
5  自分たちでくふうして実験など     10  理科室に使いたいものがなかっ
   ができた。                           た。

○ きょうの時間でわかったこと

```

は，教師は学習課題における重要な点や気をつけるべき点を教え，何をモニターすればよいのかをあらかじめ示しておくことが大切である。自己評価であるからといって何でも子ども任せにするのではなく，一人ひとりのやり方を尊重するとともに教師の助言によって子どもが自らの学習活動をモニターする力が育成される。学習のコントロールに関しては，学習の仕方に関する知識が必要不可欠となる。学習活動をモニターして思わしくない結果であったとしても，何をどのように学べばよいのかに関する知識をもっていなければ，学習のコントロールすなわち次の学習に自己評価を生かすことはできない。これも日常の指導のなかで教えていく必要がある。

　生涯学習社会においては，生涯にわたって学び続けることが求められている。放送番組で英会話の学習をしている成人も多くいる。このような場合，評価者は自分であり，自己の学習プロセスや結果をモニターし，それらをもとに学習方略にくふうを加えるのは自分自身である。自己評価力の育成は評価の基本となるものである。

3　相互評価の場合

相互評価では，クラスメートどうしが互いに評価し合う。ここでは，評価の観点などを子どもたちが十分理解している保証はないため，公正な評価を期待するのではなく，子どもたちの協同学習を促進するという意味合いをもつ。すなわち，子どもたちの学習意欲を引き出すための評価である。自分自身の向上に加えて，他人を支援し，ともに向上していこうとする雰囲気をつくるという学級経営上のメリットをめざしたものである。また，相手を評価することにより自分の特徴を見直す手がかりが得られるという点も見逃せない。相手の好き嫌いを評価するのではなく，学習のプロセスや結果を互いに示し合い，一定の観点から評価できるように指針を示しておくことが大切である。

4　いつ，なんのために評価するのか

評価は学習活動が終了してから行なうものと考えられがちであるが，それだけではない。指導と評価は絡み合いながら行なわれるものであり，指導のいろいろな段階で評価は行なわれる。

1　診断的評価の場合

事前に行なわれる診断的評価においては，表12-2に示したように基礎となる知識や技能が備わっているかを調べるのがおもな目的であるが，同時に子どもたちの生活経験も確認しておく必要がある。これらによって各単元の指導計画を見直したり，クラス編成やグループ編成をくふうすることができる。子どもの実態を，「……のはずだ」という先入観だけでとらえるのではなく，しっかりとした診断的評価を利用することが教育成果をあげるために有効である。

また，学習困難児などの処遇や指導においても，各自の学習上の問題点を明らかにすることが必要であり，そのためにも診断的評価は欠かせない。

表 12-2 診断的,形成的,総括的評価の比較 (橋本・応用教育研究所, 2003 より一部改変)

	診断的評価	形成的評価	総括的評価
評価の目的	・基礎技能や既習レベルの確認 ・学習困難の診断 ・その他の能力,適性等の入力の確認	・基礎的事項の習得の診断 ・教師と生徒への即時的フィードバック ・軌道修正・補充指導	・カリキュラム・指導法の効果の反省と改善 ・成績の決定と記録・通知
評価のおもな基準	・集団準拠評価と目標準拠評価	目標準拠評価中心	目標準拠評価中心で集団準拠評価も使用
評価の用具	・観察 ・口答法 ・教師自作テスト ・標準学力検査 ・知能その他の心理検査	・観察 ・口答法 ・教師自作テスト ・作品法 ・ノート ・アンサー・チェッカーなど	・教師自作テスト ・標準学力検査

2　形成的評価の場合

　形成的評価は指導の途中で行なわれる。表12-2に示したように,目的はそれまでの指導内容の習得の程度を確認することである。指導という場で評価するのはわずらわしい作業となるが,あらかじめ評価規準や評価基準を作成し,評価項目を念頭に置いて指導すると負担も軽減され,教師にとっても指導の指針となるであろう。

　形成的評価は,小テストによって行なわれるのが一般的である。しかし,何度も小テストを行なうことは授業を行なううえで障害となる場合も考えられるので,観察法,チェックリスト法,作品などのパフォーマンスの検討などを活用することも,無理のない形成的評価を行なうには有効である。

　形成的評価の結果は,それに続く指導に結びつけ活用することによってはじめて意義のあるものとなる。

3　総括的評価の場合

　指導後に行なわれる総括的評価は,ある一定期間内における学習を総括的に評価するものである。この評価は,通知表や指導要録への記入,進学・転校などの資料という形式的な役割を主として担ってきたが,学校の自主性が求めら

れている昨今では，この総括的評価が学校での独自のカリキュラム編成を作成するうえでの重要な資料となりうるものである。また，指導要録に記入するために総括的評価は運営・管理のための重要な資料となるものであり，指導要録は学校に保管され，進学・転校などの際，証明の資料として活用される。

5 新しい学習評価の方法と課題

1 パフォーマンスによる評価

知識をたんに憶えるだけではなく，知識そのものをつくり出すのが真性の学習であるという考え方もある。これは，子どもは素朴な概念をもっており，それをつくり変えていく過程が真性の学習であるという構成主義的学習観に対応した考え方である。この考え方からすれば，ペーパーテストで知識の量や理解の程度を測定するよりも，新しい知識や概念を生み出す活動の記録に基づいて評価すべきであるといえる。

知識だけではなく，それをどれだけ用いることができるのかに注目した評価として，パフォーマンス評価がある。これは，子どもたちのパフォーマンスのプロセスを，ワークシート，計画表，作品，口頭発表，実演などによって評価する方法である。ただ，評価資料が多様であるので，評価の信頼性を高めるために，その達成の程度を評定する尺度が必要となる。その尺度はルーブリックとよばれ，表12-3に示したように達成の程度を段階に分け，各段階の特徴を示す記述を添えたものである。

表12-3 5年生理科の実験に関するルーブリックの一部分（西岡，2003より一部改変）

評定段階	特徴
4	児童が問題を分析し，思慮深い実験を独力で計画し実施したことを，実験計画は示す。
3	児童は明らかな変数を統制した実験を実施しており，科学的な過程の基本的な考えを把握していることを，実験計画は示す。
2	児童は，科学的な過程の基本的な考えを把握しているが，明らかな変数を統制するのに，いくらか助けを必要とすることを，実験計画は示す。
1	児童は，教師からかなりの援助を与えられたときに実験を実施することができることを，実験計画は示す。

2 ポートフォリオによる評価

自分の学習において,どのようなことにどのような努力をしたか,どこがどのように変化したか,何を学習したかなどの証拠になるものを,学習のねらいに照らして,系統的・継続的に収集したものをポートフォリオとよぶ。ポートフォリオに含まれるものは,学習の成果となる作品やプロセスを示す作業メモ,自己評価,教師による指導と評価の記録の3つである。これによって,子どもたちは何を知り,今どのように理解をしつつあるのかを教師は把握でき,子どもたちにとってはポートフォリオに収める作品を選ぶなかでみずからの学習に対する自己評価力を身につけることができる。

3 これからの評価方法の課題

ペーパーテストで測定できる学力だけでなく,学力を総合的に評価しようという動きが顕著になり,近年パフォーマンス評価やポートフォリオ評価への関心が高まっている。とくに,2002年から始まった総合的な学習のなかでは,そこで目標とする学力がペーパーテストではとらえられないため,これらの評価が注目されるようになった。しかし,まだ十分に成熟した評価方法ではなく,次のような点について今後検討すべきである。

第1は,たんに膨大な資料を残すことに重点を置くのではなく,そこに表わされた学力をどのように評価するのかを研究する必要がある。第2は,パフォーマンスやポートフォリオを間にして教師と子どもが対話し,学習の成果を正しく自己評価できる子どもに育てることが大切である。また,発表の機会を設け,みずからの学習を他者の目をとおして再検討する機会をもつことも必要である。それによって,自己評価力やメタ認知能力が育成されるからである。第3は,総合的な学習だけではなく,教科の学習にもポートフォリオを利用することも考えられるが,簡便性という点からペーパーテストを改善して利用し深い学習の成果までもとらえることができるテストをつくる必要がある。

4 総合的な学習の評価

総合的な学習の時間が設けられ，多様な取り組みが行なわれている一方で，学力低下批判の声が各方面から寄せられ総合的な学習の役割を疑問視する傾向が強くなってきた。総合的な学習を充実させるうえでの評価の要点を以下に示す。

まず，一人ひとりの問題意識や目標を理解し，その達成状況を個人内評価の立場から評価することである。たとえば，野菜作りに取り組んだ学級において，ある子どもは野菜の成育と気候との関係に興味をもち，ある子どもは野菜の市場での流通に興味をもって学習を深めた。この2人の興味や目標が異なることに注目すべきであり，その違いを認めたうえで，比較したり共通の尺度で測定するのではなく，個人ごとの努力，くふう，学習の深め方をとらえて評価することである。第2には，評価結果を子どもによくわかる形でフィードバックし，次の取り組みを動機づけることである。ポートフォリオなどによって自分の学習のたどってきた道をふり返ることによって，自分の変化を実感させるのが有効かもしれない。この時，教師からの適切な評価が行なわれれば，子どもはやる気をもって次の活動に対し意欲的になるであろう。第3は，評価の表現を具体的に，簡潔にすることである。たんに「問題を発見して解決できた」や「協力して行動する態度がみられた」というような抽象的な表現ではなく，「野菜について，その流通過程をくふうして調べることができた」というような具体的な評価のことばが望ましいと考えられる。

文献

■序章■
参考文献

日本教育心理学会（編）　2003　教育心理学ハンドブック　有斐閣

■1章■
引用文献

東　洋　1969　知的行動とその発達　岡本夏木・古沢頼雄・高野清純・波多野誼余夫・藤永保（編）　児童心理学講座4　認識と思考　金子書房

Baron-Cohen, S. 1995 *Mindblindness: An essay on autism and theory of mind.* MIT Press.　長野敬・長畑正道・今野義孝（訳）1997　自閉症とマインド・ブラインドネス　青土社

Carey, S.　1985 *Conceptual change in childhood.*　MIT Press.　小島康次・小林好和（訳）1994　子どもは小さな科学者か—J.ピアジェ理論の再考　ミネルヴァ書房

Fantz, R. L. 1961 The origins of form perception. *Scientific American,* 204, 66-72.

Gesell, A.　1956 *Youth : The years from ten to sixteen.* New York: Harper & Brothers.　新井清三郎・高木俊一郎・平井信義（訳）　1972　青年の心理学—10歳より16歳まで　家政教育社

Gesell, A. & Thompson, H. 1929 Learning and growth in identical infant twins: An experimental study by the method of co-twin control. *Genetic Psychology Monograph,* 6, 1-124.

Gibson, E. J. & Walk, R. D. 1960 The "Visual Cliff". *Scientific American,* 202, 2-9.

鎌原雅彦・竹綱誠一郎　2005　やさしい教育心理学　有斐閣

Piaget, J. 1960 *The Children's Conception of Physical Causality.* Littlefield, Adams.

Piaget, J. & Inhelder, B. 1956 *The Children's Conception of Space.* Routledge and Kegan Paul.

内田照彦・増田公男　2000　要説　発達・学習・教育臨床の心理学　北大路書房

Vygotsky, L. S. 1962 *Thought and Language.* New York : Wiley.

Watson, J. B. 1930 *Behaviorism.* (revised ed.) New York: Norton.　安田一郎（訳）　1980　行動主義の心理学　河出書房新社

Wimmer, H. & Perner, J.　1983 Beliefs about beliefs: Representation and constraining function of wrong beliefs in young children's understanding deception. *Cognition,* 13, 103-128.

参考文献

子安増生　2000　心の理論　岩波書店

杉村伸一郎・坂田陽子（編）　2004　実験で学ぶ発達心理学　ナカニシヤ出版

山口真美　2003　赤ちゃんは顔を読む—視覚と心の発達学　紀伊國屋書店

2章
引用文献

麻生　武　1992　身ぶりからことばへ—赤ちゃんにみる私たちの起源　新曜社

Butterworth, G. 1995 Origins of mind in perception and action. In C. A. Moore & P. J. Dunham (Eds.), *Joint attention: Its origins and role in development.* Lawrence Erlbaum. Pp. 29-40.

Condon, W. S. & Sander, L. W.　1974 Neonate movement is synchronized with adult speech. Interactional participation and language acquisition. *Science,* **183**, 99-101.

Eimas, P. D. 1975 Speech perception in early infancy. In L. B. Cohen & P. Salapatek (Eds.), *Infant perception: From sensation to cognition.* Academic Press. 2, 193-231.

藤永　保・斎賀久敬・春日　喬・内田伸子　1987　人間発達と初期環境—初期環境の貧困に基づく発達遅滞児の長期追跡研究　有斐閣

Ganger, J. & Brent, M. R. 2004 Reexamining the Vocabulary Spurt. *Developmental Psychology,* **40**, 4, 621-632

Harris, M. & Butterworth, G. 2002 *Developmental Psychology: A Student's Handbook.* Hove: Psychology Press.

Harris, M., Jones, D., Brookes, S. & Grant, J. 1986 Relations between the non-verbal context of maternal speech and rate of language development. *British Journal of Developmental Psychology,* **4**, 261-268.

加納亜紀・高橋香代・片岡直樹　2004　テレビ・ビデオの長時間視聴が幼児の言語発達に及ぼす影響　日本小児科学会雑誌, **108**, 11, 1391-1397

文部科学省　2005　読解力向上プログラム　文部科学省のホームページで公開されている「読解力向上プログラム（平成17年12月）」より抜粋
(http://www.mext.go.jp/a_menu/shotou/gakuryoku/siryo/05122201/014/005.htm)

村田孝次　1973　言語発達　藤永　保（編）児童心理学　有斐閣

中井孝章　2004　テレビの進化と現在の子どもの発達課題—生活科学的アプローチ　生活科学研究誌, **3**, 133-151.

岡本夏木　1982　子どもとことば　岩波書店

岡本夏木　1985　ことばと発達　岩波書店

岡本夏木　1995　新版　小学生になる前後—五から七歳児を育てる　岩波書店

岡本夏木　2005　幼児期　岩波書店

Piaget, J.　1926　大伴　茂（訳）1954　臨床児童心理学 1　児童の自己中心性　同文書院

谷村雅子・高橋香代・片岡直樹・冨田和巳・田辺　功・安田　正・杉原茂孝・清野佳紀　2003　乳幼児のテレビ・ビデオ長時間視聴は危険です　日本小児科学会こどもの生活環境改善委員会 (http://www.jpeds.or.jp/saisin.html#67)（日本小児科学会こどもの生活環境改善委員会　2004　乳幼児のテレビ・ビデオ長時間視聴は危険です　日本小児科学会雑誌 **108**, 4, 709-712）

冨山哲也　2006　書くことの指導をどのように展開するか（1）　実践国語研究, **274**, 117-121. 明治図書

内田伸子　1989　物語ることから文字作文へ—読み書き能力の発達と文字作文の成立過程　読書科学, **33**(1), 10-24.

内田伸子　1999　発達心理学　岩波書店
Vygotsky, L. S.　Мышление и речь : *Myshlenie i rech*. 1934　柴田義松（訳）2001　新訳版　思考と言語　新読書社
Werner,H. & Kaplan, B. 1963 *Symbol formation: an organismic-developmental approach to language and the expression of thought.* New York: John Wiley & Sons.　柿崎祐一（監訳）鯨岡　峻・浜田寿美男（訳）1974　シンボルの形成　ミネルヴァ書房

参考文献

Butterworth, G. & Harris, M.　1994　*Principles of developmental psychology.* Hove: Lawrence Erlbaum Associates, Publishers. 村井潤一（監訳）・小山　正・神土陽子・松下　淑（訳）発達心理学の基本を学ぶ——人間発達の生物学的・文化的基盤　ミネルヴァ書房
村井潤一（編著）・小山　正・井上智義・田中裕美子・土居道栄・鈴岡昌宏・磯部美也子　2002　乳幼児の言語・行動発達——機能連関的研究　風間書房
小椋たみ子　2001　言語獲得と認知機能　乾　敏郎・安西祐一郎（編）　認知科学の新展開 3　運動と言語　岩波書店　Pp.87-126.
岡本夏木・浜田寿美男　1995　発達心理学入門　岩波書店

■ 3章 ■

引用文献

遠藤由美　2000　青年の心理——ゆれ動く時代を生きる　サイエンス社　Pp.72-73.
Erikson, E. H. 1968 *Identity: youth and crisis.* New York: Norton.　岩瀬庸理（訳）1982　改訂版　アイデンティティ——青年と危機　金沢文庫
Harlow, H. F. & Mears, C. 1979 *The human model: Primate perspective.* Washington, D. C.: Winston & Sons.　梶田正巳・他（訳）1985　ヒューマン・モデル——サルの学習と愛情　黎明書房　Pp.146-147.
伊藤裕子　1978　性役割の評価に関する研究　教育心理学研究, **26**, 1-11.
Money, J. & Ehrhardt, A. A. 1972 *Man and woman, boy and girl.* Baltimore: Johns Hopkins University Press.
Symonds, P. M. 1939 Some basic concepts in parent-child relationships. *The psychology of parent-child relationships.* New York: Appleton-Century. Pp.3-53.
詫摩武俊　2003　性格の発達　詫摩武俊・瀧本孝雄・鈴木乙史・松井　豊　改訂版　性格心理学への招待　サイエンス社

参考文献

数井みゆき・遠藤利彦　2005　アタッチメント——生涯にわたる絆　ミネルヴァ書房
森永康子　2002　女らしさ・男らしさ——ジェンダーを考える　北大路書房

■ 4章 ■

引用文献

Eisenberg-Berg, N. 1979 Development of children's prosocial moral judgment. *Developmental Psychology,* **15**, 128-137.
Goldstein,A.P., Sparafkin,R.P. Gershaw,N.J. & Klein,P. 1986 The adolescent social skill training through structured learning. In G. Cartledge & J.F. Milburn (eds.), *Teaching*

Social Skills to Children. New York: Pergamon Press.

Kohlberg, L. 1963 The development of children's orientations toward a moral order, I: Sequence in the development of moral thought. *Vita Human,* **6**, 11-33.

Kohlberg, L. 1969 The cognitive-developmental approach to socialization. In D.A.Goslin (Ed.), *Handbook of Socialization Theory and Research.* Chicago: Rand-McNally.

宗方比佐子・二宮克美　1985　プロソーシャルな道徳判断の発達　教育心理学研究, **33**, 157-164.

Parten, M. B. 1932 Social participation among pre-school children. *Journal of Abnormal and Social Psychology,* **27**, 243-269.

庄司一子　1991　社会的スキルの尺度の検討—信頼性, 妥当性について　教育相談研究, **29**, 18-25.

渡部玲二郎　1993　児童における対人交渉方略の発達—社会的情報処理と対人交渉方略の関連性　教育心理学研究, **41**, 452-461.

Yeates, K.O. & Selman, R. L. 1989 Social competence in the schools: Toward an integrative developmental model for intervention. *Developmental Review,* **9**, 64-100.

参考文献

井上健治・久保ゆかり　1997　子どもの社会的発達　東京大学出版会
斉藤耕二・菊池章夫（編）　1990　社会化の心理学ハンドブック　川島書店
渡辺弥生　2005　親子のためのソーシャルスキル　サイエンス社

■5章■

引用文献

Bandura, A. 1986 *Social foundations of thought and action.* Englewood Cliffs, NJ: Prentice-Hall.

Bandura, A., & Schunk, D. H. 1981 Cultivating competence, self-efficacy, and intrinsic interest through proximal self-motivation. *Journal of Personality and Social Psychology,* **41**, 586-598.

Berlyne, D. E. 1962　Motivational problems raised by exploratory and epistemic behavior. In S. Koch (Ed.), *Psychology: A study of a science. study* II *: Empirical substructure and relations with other sciences. Vol.5. The process areas, the person, and some applied fields: Their place in psychology and in science.* New York: McGraw-Hill. Pp. 284-364.

Covington, M. V. 1992 *Making the grade: A self-worth perspective on motivation and school reform.* New York: Holt, Rinehart, & Winston.

Covington, M. V. & Mueller, K. J. 2001 Intrinsic versus extrinsic motivation: An approach/avoidance reformulation. *Educational Psychology Review,* **13**, 157-176.

Deci, E. L. & Ryan, R. M. 1985 *Intrinsic motivation and self-determination in human behavior.* New York: Plenum.

Dweck, C. S. 1986 Motivational processes affecting learning. *American Psychologist,* **41**, 1040-1047.

Dyson, A. H. 1997 *Writing superheroes: Contemporary childhood, popular culture, and classroom literacy.* New York: Teachers College Press.

Eccles, J., Wigfield, A. & Schiefele, U. 1998 Motivation to succeed. In W. Damon (Series Ed.) & N. Eisenberg (Volume Ed.), *Handbook of child psychology: Vol. 3. Social, emotional, and*

personality development (5th ed.). New York: Wiley. Pp. 701–778.
Hiroto, D. S. & Seligman, M. E. P. 1975 Generality of learned helplessness in man. *Journal of Personality and Social Psychology,* **31**, 311–327.
Johnson, D. W. & Johnson, R. 1985 Motivational processes in cooperative, competitive, and individualistic learning situations. In C. Ames & R. Ames (Eds.), *Research on motivation in education. Vol. 2 : The classroom milieu.* New York: Academic Press. Pp. 249–286.
Lowenstein, G. 1994 The psychology of curiosity: A review and reinterpretation. *Psychological Bulletin,* **117**, 75–98.
Ryan, R. M. & Grolnick, W. S. 1986 Origins and pawns in the classroom: Self-report and projective assessments of individual differences in the children's perceptions. *Journal of Personality and Social Psychology,* **25**, 54–67.
Seligman, M. E. P. 1975 *Helplessness: On depression, development, and death.* San Francisco: Freeman.
Weiner, B. 1979 A theory of motivation for some classroom experiences. *Journal of Educational Psychology,* **71**, 3–25.
Williams, G. C., Weiner, M. W., Markakis, K. M., Reeve, J. & Deci, E. L. 1993 *Medical student motivation for internal medicine.* Annals of Internal Medicine.
Woolfolk, H. A. 2005 *Educational Psychology* (9th ed.). Boston: Allyn and Bacon.

【参考文献】
市川伸一　2001　学ぶ意欲の心理学　ＰＨＰ新書
宮本美沙子・奈須正裕（編）　1995　達成動機の理論と展開　金子書房
上淵　寿　2004　動機づけ研究の最前線　北大路書房

6章

【引用文献】
市川伸一（編）　1993　学習を支える認知カウンセリング—心理学と教育の新たな接点　ブレーン出版
Jenkins, J. G. & Dallenbach, K. M. 1924 Obliviscence during sleep and waking. *The American Journal of Psychology,* **35**, 605–612.
Rogers, T. B., Kuiper, N. A. & Kirker, W. S. 1977 Self-reference and the encoding of personal information. *Journal of Personality and Social Psychology,* **35**, 677–688.
三宮真智子　1996　思考におけるメタ認知と注意　市川伸一（編）　認知心理学4　思考　東京大学出版会　Pp.157–180.

【参考文献】
二谷廣二　1999　教え方が「かわる・わかる」—認知心理学の動向から　学芸図書
北尾倫彦　1991　学習指導の心理学—教え方の理論と技術　有斐閣
多鹿秀継　2001　教育心理学—「生きる力」を身につけるために　サイエンス社

7章

【引用文献】
天野　清・黒須俊夫　1992　小学生の国語・算数の学力　秋山書店

文 献

東 洋（著） 1989 柏木惠子（編）教育の心理学―学習・発達・動機の視点 有斐閣
Bloom, B.S. 1971 Mastery learning. In J. H. Block(Ed.), *Mastery lerarning: Theory and practice*. New York: Holt, Rinehart & Winston.
Guskey, T.R. & Pigott, T.D. 1988 Research on group-based mastery learning programs: A meta-analysis. *Journal of Educational Research,* 81, 197-216.
苅谷剛彦・志水宏吉（編） 2004 学力の社会学 岩波書店
北尾倫彦 1991 学習指導の心理学―教え方の理論と技術 有斐閣
Snow, R. E., Tiffin, J. & Seibert, W. F. 1965 Individual differences and instructional film effects. *Journal of Educational Psychology,* 56, 315-326.
辰野千寿・福沢周亮・沢田端也・上岡国夫・小林幸子・高木和子・伊瀬康子 1972 認知型に関する教育心理学的研究 教育心理学年報, 12, 63-107.

参考文献

市川伸一（編） 1993 授業を支える認知カウンセリング―心理学と教育の新たな接点 ブレーン出版
西林克彦 1994 間違いだらけの学習論―なぜ勉強が身につかないか 新曜社
辰野千寿 1997 学習方略の心理学―賢い学習者の育て方 図書文化

■ 8章

引用文献

蘭 千寿 1983 児童の学業成績および学習態度に及ぼすJigsaw学習方法の効果 教育心理学研究, 31, 102-111.
Aronson, E., Stephan, C., Sikes, J., Blaney, N. & Snapp, M. 1978 *The jigsaw classroom*. Biverly Hills, CA: Sage Publications. 松山安雄（訳） 1986 ジグソー学級 原書房
Ausubel, D.P. 1963 *The psychology of meaningful verbal learning*. New York: Grune & Stratton.
Ausubel, D.P. 1977 The facilitation of meaningful verbal learning in the classroom. *Educational Psychologist,* 12, 162-178.
Bruner, J.S. 1961 The act of discovery. *Harvard Educational Review,* 31, 21-32.
Bruner, J.S. 1990 *Acts of meaning*. Cambridge, MA: Harvard University Press.
Crowder, N.A. 1959 On the difference between linear and intrinsic programming. In E. H. Galanter(Ed.), *Automatic teaching*. New York: Wiley.
林 龍平 1987 自己準拠処理による精緻化が語の記憶に及ぼす効果について 茨城大学教育学部紀要（教育科学）, 36, 161-171.
林 龍平 2006 学習方法，教授法，授業のいろいろ 塩見邦雄・石隈利紀（編） 学校心理学ガイドブック 風間書房 Pp.41-45.
板倉聖宣（編） 1974 初めての仮説実験授業 国土社
北尾倫彦・速水敏彦 1986 わかる授業の心理学―教育心理学入門 有斐閣
Miles, S. 1997 Exploration and discovery: Creating an enthusiastic, exciting classroom. *Early Childhood News,* 9, 36-40.
Sadker, M. & Sadker, D. 1986 Questioning skills. In J. Cooper(Ed.), *Classroom teaching skills* (3rd ed.). Lexington, MA: D.C.Heath. Pp.143-180.

庄司和晃　2000　増補版　仮説実験授業と認識の理論——三段階連関理論の創造　季節社
塩田芳久（編）1979　学習と指導の心理学　黎明書房
塩田芳久　1989　教育新書75　授業活性化の「バズ学習」入門　明治図書
Skinner, B.F. 1954 The science of learning and the art of teaching. *Harvard Educational Review*, **24**, 86-97.
多鹿秀継・川上昭吾　1988　理科教授における先行オーガナイザーの効果　第2報：小学校第5学年，花のつくりの学習において　日本理科教育学会研究紀要，**29**, 29-37.

コラム④引用文献
三宅なほみ・白水　始　2003　学習科学とテクノロジ　放送大学教育振興会　Pp. 52-65.

参考文献
伏見陽児・麻柄啓一　1993　授業づくりの心理学　国土社
鈴木克彦　2002　教材設計マニュアル——独学を支援するために　北大路書房
吉田　甫・栗山和広（編著）　1992　どう教えるかどう学ぶか——認知心理学からの教育方法論　北大路書房

9章

引用文献
明石要一　1981　モノグラフ・中学生の世界　9巻　生徒がみた中学教師　福武書店
深谷昌志・明石要一　1981　モノグラフ・中学生の世界　7巻　中学教師の生活と意見　福武書店
狩野素朗・田崎敏昭　1990　学級集団理解の社会心理学　ナカニシヤ出版
小石寛文　1993　学級の指導　北尾倫彦（著者代表）　発達・学習・教育　福村出版
三隅二不二　1986　教師の人間関係　前田嘉明・岸田元美（監）　教師の心理（1）　有斐閣
三隅二不二・吉崎静夫・篠原しのぶ　1977　教師のリーダーシップ——その測定方法と妥当性　教育心理学年報，**16**, 93-95.
日本教育学会教師教育に関する研究委員会　1983　教師教育の課題——すぐれた教師を育てるために　明治図書

参考文献
北尾倫彦・速水敏彦（編）　1986　わかる授業の心理学　有斐閣
前田嘉明・岸田元美（監）　1986　教師の心理（1）　有斐閣
小川一夫（編）　1985　学校教育の社会心理学　北大路書房

10章

引用文献
平井信義　1980　登校拒否の経過　詫摩武俊・稲村　博（編）　登校拒否　有斐閣　Pp.23-34.
Meichenbaum, D. H. & Goodman, J. 1971 Training impulsive children to talk to themselves: A means of developing self-control. *Journal of Abnormal Psychology*, **77**, 115-126.
文部科学省　2003　特別支援教育の在り方に関する調査協力者会議の報告書
東京都教育委員会　1990　平成元年度学校不適応検討委員会報告書

参考文献
梅谷忠男・生川善雄・堅田明義（編著）　2006　特別支援児の心理学　北大路書房

文　献

北尾倫彦　1984　学業不振児指導の実際　田研出版
北尾倫彦（編）　2002　学習不適応の心理と指導　開隆堂

■11章■
引用文献

American School Counselor Association（ASCA）2003　*The ASCA National Model: A frame work for school counseling programs.* Alexandria, Va: Author.　中野良顕（訳）2004　スクール・カウンセリングの国家モデル　学文社
服部美佳子　2005　第Ⅱ部　WISC-Ⅲによるアセスメント事例　事例1　書字に著しい困難がありストレスによる身体的不調を訴えた児童　藤田和弘・上野一彦・前川久男・石隈利紀・大六一志（編著）　WISC-Ⅲ アセスメント事例集—理論と実際　日本文化科学社　Pp.94-108.
鍋田恭孝　2003　心理検査「バウムテスト」Vol.V-1　バウムテスト（樹木画）の読み方—その効用と限界　臨床心理学, **3**(4), 555-561.
Rosenzweig, S.　1964　P-F スタディ検査用紙（Rosenzweig Picture Frustration Study 日本版）青年用　林　勝造（日本版作成者代表）　三京房
高橋三郎・染矢俊幸・大野　裕　2002　DSM-Ⅳ-TR 精神疾患の分類と診断の手引　医学書院
田中教育研究所（編）　2003　田中ビネー知能検査Ⅴ 実施マニュアル　杉原一昭・杉原　隆（監修）中村淳子・大川一郎・野原理恵・芹澤奈菜美（編著）　田研出版
辻岡美延・矢田部達郎・園原太郎　YG性格検査用紙　一般用　日本心理テスト研究所株式会社　竹井機器工業株式会社
内田勇三郎　内田クレペリン精神検査用紙　標準型　株式会社日本・精神技術研究所　金子書房
Wechsler, D. 1991　Wechsler intelligence scale for children（3rd ed.）．日本版 WISC-Ⅲ 刊行委員会（訳編著）　1998　日本版WISC-Ⅲ 知能検査法　2 実施・採点編　日本文化科学社

参考文献

福沢周亮・石隈利紀・小野瀬雅人（責任編集）日本学校心理学会（編）　2004　学校心理学ハンドブック—「学校の力」の発見　教育出版
乾　吉佑・氏原　寛・亀口憲治・成田善弘・東山紘久・山中康裕（編）　2005　心理療法ハンドブック　創元社
北尾倫彦・林　多美・島田恭仁・岡本真彦・岩下美穂・築地典絵　1999　学校教育の心理学　北大路書房

■12章■
引用文献

橋本重治・応用教育研究所　2003　2003年改訂版　教育評価概説　図書文化
金井達哉・石田恒好　1981　新版　教育評価の技術　図書文化
北尾倫彦（編）　2006　学習評価　図書文化
西岡加名恵　2003　教科と総合に活かすポートフォリオ評価法　図書文化

参考文献

東　洋　2001　子どもの能力と教育評価（第2版）　東京大学出版会
梶田叡一　2002　教育評価（第2版補訂版）　有斐閣
西岡加名恵　2003　教科と総合に活かすポートフォリオ評価法　図書文化

■人名索引■

●A
明石要一　104
天野　清　77
蘭　千寿　86
アロンソン（Aronson, E.）　85
麻生　武　24
オースベル（Ausubel, D. P.）　88
東　洋　80, 81

●B
バンデュラ（Bandura, A.）　59
ベック（Beck, A. T.）　126
ベラック（Bellak, L.）　122
ベラック（Bellak, S. S.）　122
バーライン（Berlyne, D. E.）　55
ビネー（Binet, A.）　116
ブルーム（Bloom, B. S.）　79
ボウルビィ（Bowlby, J.）　35
ブルーナー（Bruner, J. S.）　86
バターワース（Butterworth, G.）　22

●C
コヴィングトン（Covington, M. V.）
　　61
クロンバック（Cronbach, L. J.）　75
クラウダー（Crowder, N. A.）　91

●D
デシ（Deci, E. L.）　60
ダイソン（Dyson, A. H.）　63

●E
エビングハウス（Ebbinghaus, H.）
　　123
エクレス（Eccles, J.）　62
アイゼンバーグ（Eisenberg-Berg, N.）
　　47
遠藤由美　42
エリクソン（Erikson, E. H.）　39, 40
アイゼンク（Eysenck, H. J.）　125

●F
ファンツ（Fantz, H. L.）　13
フロイト（Freud, S.）　125

●G
ゲゼル（Gesell, A.）　11
ギブソン（Gibson, E. J.）　14
ゴルドシュタイン（Goldstein, A. P.）
　　49
ゴルトン（Golton, F.）　8
グッドマン（Goodman, J.）　113
グロールニック（Grolnick, W. S.）　60
ギルフォード（Guilford, J. P.）　121
ガスキー（Guskey, T. R.）　80

●H
ハーロー（Harlow, H. F.）　34
ハリス（Harris, M.）　22
ハザウェイ（Hathaway, S. R.）　121
速水敏彦　91, 94
林　龍平　83, 95
平井信義　107, 108
ヒロト（Hiroto, D. S.）　60

●I
市川伸一　74
石田恒好　135
伊藤裕子　41

●J
ジェンセン（Jensen, A. R.）　10
ジョンソン（Johnson, D. W.）　63
ジョンソン（Johnson, R.）　63
ユング（Jung, C. G.）　122

●K
金井達哉　135
狩野素朗　99
苅谷剛彦　78
川上昭吾　89
北尾倫彦　79, 82, 91, 94
コッホ（Koch, C.）　123
コールバーグ（Kohlberg, L.）　45,

151

人名索引

　　　　47
クレペリン（Kraepelin, E.）　124
黒須俊夫　77
京都市児童福祉センター　118

●L
ロウエンシュタイン（Lowenstein, G.）
　　　55

●M
マキンレイ（McKinley, J. C.）　121
ミールズ（Mears, C.）　34
マイヘンバウム（Meichenbaum, D. H.）
　　　113
マイルズ（Miles, S.）　87
三隅二不二　103
文部科学省　111, 113, 114
モーガン（Morgan, C. D.）　122
ミューラー（Mueller, K. J.）　61
宗方比佐子　48
マレー（Murray, H. A.）　122

●N
日本教育学会教師教育に関する研究委員会
　　　105
二宮克美　48

●O
岡本夏木　24, 29

●P
パーテン（Parten, M. B.）　43
パーナー（Perner, J.）　19
ピアジェ（Piaget, J.）　15, 16, 30
ピゴット（Pigott, T. D.）　80
ポルトマン（Portmann, A.）　33

●R
ロジャーズ（Rogers, C. R.）　126
ロールシャッハ（Rorschach, H.）　122
ローゼンツァイク（Rosenzweig, S.）
　　　124
ライアン（Ryan, R. M.）　60

●S
サドカー（Sadker, D.）　92
サドカー（Sadker, M.）　92
三宮真智子　73
志水宏吉　78
塩田芳久　84
シャンク（Schunk, D. H.）　59
セリグマン（Seligman, M. E. P.）　60
セルマン（Selman, R. L.）　50
シモン（Simon, T.）　117
スキナー（Skinner, B. F.）　90
スノー（Snow, R. E.）　76
シュテルン（Stern, W.）　9, 117
鈴木治太郎　118
サイモンズ（Symonds, P. M.）　36
庄司和晃　87
庄司一子　49, 50

●T
多鹿秀継　89
田中寛一　118
田崎敏明　99
ターマン（Terman, L. M.）　117
冨山哲也　31
東京都教育委員会　106

●U
内田伸子　29
内田勇三郎　124

●V
ヴィゴツキー（Vygotsky, L. S.）　12, 30

●W
ウォーク（Walk, R. D.）　14
渡部玲二郎　51
ワトソン（Watson, J. B.）　9
ウェクスラー（Wechsler, D.）　118
ワイナー（Weiner, B.）　56
ウェルナー（Werner, H.）　15
ウィリアムズ（Williams, G. C.）　59
ワイマー（Wimmer, H.）　19
ウールフォーク（Woolfolk, H. A.）　60,

152

62

●Y
矢田部達郎　121
イエーツ（Yeates, K. O.）　50

■事項索引■

●あ
アイデンティティ　38
アスペルガー症候群　112
遊びの発達　43
アタッチメント（愛着）　35
アニミズム　15
アンダー・アチーバー　111

●い
いじめ　115
一語文　25
一時的ことば　29
遺伝説　8
意味記憶　67
イメージ化　69

●う
WISC-Ⅲ　120
ウェクスラー式知能検査　118
内田・クレペリン精神検査　124

●え
SCT　123
エピソード記憶　67
MFF（Matching Familiar Figures）テスト　80
MMPI　121

●お
奥行き知覚　14

●か
概念的葛藤　55
外発的動機づけ　54
学業不振児　111
学習困難児　110
学習障害（Learning Disability）　111
学習性無力感　3, 60
学習の転移　95
学習方略　113

学力偏差値　119
仮説実験授業　87
家族療法　126
課題選択学習　82
学校カウンセリング　127
感覚運動期　17
環境閾値説　10
環境説　8
完全習得学習　79

●き
記憶の情報処理モデル　65
帰属理論　56
ギャングエイジ　44
教育心理学の研究領域　3
教育心理学の目的　2
教育評価の目的　129
教材作成　94

●く
具体的操作期　18
クライエント中心療法　126

●け
形式的操作期　19
形成的評価　137
軽度発達障害　114
系列位置効果　71
原因帰属　56

●こ
好奇心　55
高機能自閉症　113
向社会性　47
行動療法　125
広汎性発達障害　112
心の理論　19
個人内評価　133
誤信念課題　19
コンデンセーション法　99

●さ
作業記憶　66

三項関係の成立　24

●し
CAI（Computer Assisted Instruction）　90, 91
CAT　122
視覚的断崖実験　14
ジグソー学習　85
自己概念　37
自己価値感　61
自己関連づけ　69
自己決定感　59
自己効力感　4, 58
自己生成　69
自己中心性　16
自己中心的言語　30
自己評価　134
自己評価カード　135
自尊感情　37
しつけの型　36
実験法　4
実在論　15
質問期　27
社会的スキル　49
社会的スキルの発達　50
習熟度別指導　78
集団準拠評価　130
熟慮型─衝動型　80
成就値　119
象徴機能　27
少年非行　115
初期経験　20
処理水準　68
事例研究　5
人工論　15
診断的評価　136
新版K式発達検査2001　118
心理検査　116
心理療法　125

●す
睡眠の効果　72
スクールカウンセラー　127

鈴木ビネー式知能検査法　118

●せ
成熟優位説　11
精神分析療法　125
精緻化　68
性同一性　41
性役割　40
性役割ステレオタイプ　42
宣言的記憶　67
前操作期　18

●そ
総括的評価　137
相互作用説　10
相互評価　136
相貌的知覚　15
想像力の発達　32
ソシオグラム　99
ソシオメトリック・テスト　99

●た
体制化　69
田中ビネー式知能検査　118
短期記憶　66

●ち
知能検査　116
知能指数（IQ: Inteligence Quotient）　117
注意欠陥／多動性障害（ADHD）　113
長期記憶　66
調査法　5

●て
TAT　122
TVM（Tactual Visual Matching）テスト　81
適性処遇交互作用　75
テストバッテリー　116
手続き的記憶　67

155

事項索引

●と
投影法　122
動機づけの方法　62
登校拒否児　106
道徳性の発達　45
特別支援教育　113

●な
内発的動機づけ　54
喃語　23

●に
二次的ことば　29
認知カウンセリング　73
認知スタイル　80
認知的評価理論　60
認知療法　126

●は
バウムテスト　123
バズ学習　84
パターンの弁別　13
発見学習　86
発達の最近接領域　12
発問　91
場独立型―場依存型　80
パフォーマンス評価　138
板書　93
反復効果　72

●ひ
ピアジェの認知発達段階　17
PISA調査　30, 32
P-Fスタディ　124
PM理論　103
評価規準表　132
評価基準表　132
標準学力検査　119

●ふ
フィールド研究　5
輻輳説　9
不登校児　4, 106

プログラム学習　90
分散効果　71

●へ
偏差値　131

●ほ
方略　67
ポートフォリオ　139, 140
保存課題　18

●め
メタ認知　72, 134

●も
目標準拠評価　131
問題解決のプロセス　74

●ゆ
有意味化　69
有意味学習　88
遊戯療法　127

●り
リーダーシップ（指導性）　102

●る
ルーブリック　138

●れ
レディネス　11

●ろ
ロールシャッハ・テスト　122

●わ
YG性格検査　121

【著者紹介】

北尾　倫彦（きたお・のりひこ）　　　序章，9章，10章，コラム③，コラム⑥担当
1955年　東京教育大学教育学部心理学科卒業
現　在　大阪教育大学名誉教授　　文学博士
■主　著　学校教育の心理学（共著）　北大路書房　1999年
　　　　　授業改革と学力評価　図書文化　2008年

中島　実（なかしま・みのる）　　1章，4章，コラム②担当
1979年　名古屋大学大学院教育学研究科博士課程中退
現　在　神戸女子大学名誉教授　　博士（心理学）
■主　著　認知と思考―思考心理学の最前線（共著）　サイエンス社　1994年
　　　　　おもしろ思考のラボラトリー（共著）　北大路書房　2001年

林　龍平（はやし・りゅうへい）　　7章，8章，コラム①担当
1979年　大阪教育大学大学院教育学研究科修士課程修了
現　在　関西福祉科学大学教育学部教授　　博士（心理学）
■主　著　日本語の単語認知における表記差効果　風間書房　1999年
　　　　　やる気のない子どもをどうすればよいか（共訳）　二瓶社　1999年

広瀬　雄彦（ひろせ・たけひこ）　　5章，12章，コラム④担当
1985年　大阪教育大学大学院教育学研究科修士課程修了
現　在　京都女子大学発達教育学部教授　　博士（教育学）
■主　著　リーディングの認知心理学（共訳）　信山社　1995年
　　　　　視聴覚メディアと教育方法（共著）　北大路書房　1999年
　　　　　日本語表記の心理学　北大路書房　2007年

高岡　昌子（たかおか・まさこ）　　2章，11章担当
2001年　奈良女子大学大学院人間文化研究科博士課程修了
現　在　奈良学園大学人間教育学部教授　　博士（学術）
■主　著　生み出された物語―目撃証言，記憶の変容，冤罪に心理学はどこまで迫れるか（共著）
　　　　　北大路書房　2003年
　　　　　視覚脳が生まれる―乳児の視覚と脳科学（共訳）　北大路書房　2005年

伊藤　美加（いとう・みか）　　3章，6章，コラム⑤担当
2002年　京都大学大学院教育学研究科博士課程修了
現　在　京都光華女子大学こども教育学部教授　　教育学博士
■主　著　感情状態が認知過程に及ぼす影響　風間書房　2005年
　　　　　大学基礎講座 改増版（共著）　北大路書房　2006年

精選　コンパクト教育心理学
―教師になる人のために―

2006年 9 月15日　初版第 1 刷発行	＊定価はカバーに表示して
2024年 3 月20日　初版第13刷発行	あります。

著　者　　北　尾　倫　彦
　　　　　中　島　　　実
　　　　　林　　　龍　平
　　　　　広　瀬　雄　彦
　　　　　高　岡　昌　子
　　　　　伊　藤　美　加

発　行　所　　（株）北大路書房

〒603-8303 京都市北区紫野十二坊町12-8
　　　　電　話　(075) 431-0361(代)
　　　　ＦＡＸ　(075) 431-9393
　　　　振　替　01050-4-2083

Ⓒ2006　　　　　印刷・製本／シナノ書籍印刷㈱
　　　検印省略　落丁・乱丁本はお取り替えいたします。
　　　ISBN978-4-7628-2522-4　　Printed in Japan

・ JCOPY 〈㈳出版者著作権管理機構 委託出版物〉
本書の無断複写は著作権法上での例外を除き禁じられています。
複写される場合は、そのつど事前に、㈳出版者著作権管理機構
（電話 03-5244-5088,FAX 03-5244-5089,e-mail: info@jcopy.or.jp）
の許諾を得てください。